交通前沿技术研讨课程教材

交通运输前沿技术导论

冉　斌　张　健　编著

科学出版社

北　京

内 容 简 介

本书结合新兴的物联网、云计算、大数据、人工智能、移动互联网等技术，以智慧交通为核心，结合世界范围内交通运输前沿技术及发展趋势，在深入分析国内交通运输行业发展的基础上，重点针对智能交通运输系统的体系框架、信息平台、车联网技术及智慧高速公路应用实践等方面，介绍交通运输的相关前沿技术。本书紧密围绕交通前沿技术内涵，结合国内外研究进展及应用实例，基于多学科交叉理论研究与探索，形成一系列的交通运输前沿技术成果。通过对智能运输系统、智能交通管理信息平台、车联网技术、智慧高速公路以及物联网、云计算、大数据与交通前沿技术的详细论述，旨在阐明通过交通前沿技术在交通领域中的充分运用及发展，建立一种实时、准确、高效、安全、节能、环保的智慧交通系统，致力于培养满足交通行业未来发展所需的复合型高端人才。

本书可作为交通工程、交通运输、交通信息工程及控制等学科的本科生教材，也可供从事交通管理和控制、交通信息化的高等学校师生、科研院所研究人员、企事业工程技术及管理人员以及政府管理人员等使用和参考。

图书在版编目（CIP）数据

交通运输前沿技术导论/冉斌，张健编著. —北京：科学出版社，2017.7
交通前沿技术研讨课程教材
ISBN 978-7-03-054057-7

Ⅰ. ①交… Ⅱ. ①冉…②张… Ⅲ. ①交通运输-高等学校-教材 Ⅳ. ①U

中国版本图书馆 CIP 数据核字（2017）第 181946 号

责任编辑：李涪汁 曾佳佳/责任校对：张凤琴
责任印制：张 伟/封面设计：许 瑞

科学出版社出版
北京东黄城根北街 16 号
邮政编码：100717
http://www.sciencep.com
北京凌奇印刷有限责任公司印刷
科学出版社发行 各地新华书店经销
*
2017 年 7 月第 一 版 开本：720 × 1000 1/16
2023 年 7 月第四次印刷 印张：9 1/2
字数：192 000

定价：69.00 元

（如有印装质量问题，我社负责调换）

序　言

交通运输是国民经济重要的基础性、先导性、服务性行业，是社会生产、生活组织体系中不可缺少及不可替代的重要环节。世界各国均高度重视并不断推动交通运输行业与相关学科的发展。伴随着物联网、大数据、云计算、人工智能、新一代宽带无线移动通信、下一代互联网、自动驾驶等技术的日新月异，传统的智能交通运输系统（intelligent transportation systems, ITS）正面临重构和再造。先进的传感技术、信息技术、通信技术、控制技术、计算机技术和系统综合技术进行有效的集成和应用，使人、车、路与环境间的相互作用关系以新的方式呈现，以此来提供准确、高效、实时、安全、节能的智慧交通服务。

智慧交通是智慧城市的重要构成，是国际交通运输领域的发展趋势，也是缓解交通问题的关键方法。在新技术、新需求的大背景下，新一代感知技术和通信技术、移动互联服务、车路协同、综合交通智能化和智能网联汽车等应用发展迅速，推动智能交通系统在感知、存储、共享与交互、大数据分析以及综合服务全面升级和创新。结合近年智能交通行业的变化趋势，新技术及其理念和模式正颠覆或再造交通运输系统，助力智能交通系统进入一个新的发展时代。手机导航、网络化票务已成为公众出行中智能化交通服务的主要方式；车联网、智能驾驶服务的市场悄然兴起；滴滴、UBER（优步）、共享单车等应用服务层出不穷，对传统出租车市场和行业模式带来颠覆性变革；大数据、云计算已经成为交通系统数据中心建设和体系构建中毋庸置疑的技术选择。可以说智慧交通是智能交通在理念和实践上的提升与发展，是智能交通系统在交通行业发展的必然选择，是交通行业的一场革命，也是行业创新驱动战略实施，实现可持续发展的战略抉择。

新一代信息技术是智慧交通发展的重要支撑，其关键在于物联网、云计算、大数据以及移动互联网等技术和思维的出现，对传统ITS进行重构和再造，实现交通系统中人、车、路、环境以及交通管理/服务机构间各类在线数据的感知、传输和处理，达到前所未有的广度、深度与速度的信息交互与共享。因此，新一代信息技术的广泛使用，成为交通行业智能信息化发展的重要内容。①突破车路状态感知与交互等关键技术，使信息系统对环境的感知更加丰富细致，为人、车、路、货以及系统间的相互识别、操作或智能控制提供无限可能；②拓展车路与车车通信等关键技术，支持高速载运工具与基础设施、载运工具与载运工具间进行高可靠数据交换的高速无线局域网和专用短程通信，确保感知信息能够通过多种类型的网络快速交互；③借助大数据与云计算等关键技术，能够使未来交通管理系统具备强大的存储能力、快速的计算能力以及科学的分析能力；④挖掘移动互联网和人工智能等关键技术，使得交通信息服务向个性化、定制化方向发展，推进新一代的交通信息服务系统的构建。对新信息技术的应用探求，同时也为解决交通问题提供了新的思路和手段，也成为构建智慧交通的核心驱动力和重要保障。

在新一代互联网和信息技术推动下，随着物联网、移动互联网、云计算和大数据、人工智能等技术的不断突破，社会经济生活产生了革命性的变化与发展。借助新一代信息技术的渗透力、扩散力，使其转变为促进交通运输现代化的强大动力，不仅因其技术的先进性，更缘于其技术具有跨时代的引导性，将进一步丰富智慧交通的内涵和特征，更加有利于实践开展，引领智能交通走向更加广阔的空间，为中国乃至世界的交通产业升级提供更好的应用环境。

本书立足于这些实际前沿工作，阐述通用理论和技术，结合实践成果的经验总结，如江苏智慧高速公路这一交通运输部科技示范工程创新成果、智能网联这一革新理论、江苏智慧高速公路联网平台等的应用案例，以及对交通前沿技术的思考与展望，尝试较为全面准确地反映世界交通前沿技术领域的最新动态和成果，可为参与智能交通管理规划的政府决策者、企业投资者以及从事智能交通系统研究与开发的工程技术人员提供重要参考与借鉴。

本书出版过程中，得到了江苏高校品牌专业建设工程一期项目“交通工程”（项目号：PPZY2015B148）、科技部国家重点研发计划（项目号：2016YFB0100906）、交通运输部信息化技术研究项目（项目号：2015364X16030）等资助。同时，感谢东南大学物联网交通应用研究中心任刚教授、曲栩、杨帆、张远、芮一康等老师的大力支持和帮助。感谢郑元、徐云霞、张雯靓和季欣凯等研究生的协助。他们在本教材的编写过程中贡献了自己的力量！感谢东南大学交通学院刘攀院长、陈峻副院长及交通学院的老师们的关心和帮助，谢谢！

限于作者的水平和能力，书中难免存在不足之处，衷心希望得到广大读者的批评和指正。

作　者

2017 年 5 月于南京六朝松下

目　录

第 1 章　绪　　论

1.1　导　　言

近年来，随着我国城市化进程的不断加快以及人们生活水平的不断提高，城市内部的机动化水平在逐渐提升，城市的交通压力越来越大，并且人-车-路-环境等交通系统构成要素的需求也在不断变化。面对当今世界科技革命和信息化发展趋势，大数据、云计算和互联网等新技术的不断涌现，智能交通行业得到飞速发展。传统的交通技术和手段已不适应经济社会发展的要求，原有提出的智能交通系统（intelligent transportation systems, ITS）已逐渐演变为“智慧交通”，并成为交通行业发展的必然选择，从而在交通行业掀起一场科技革命。如果最新的物联网、云计算、人工智能、自动控制、移动互联网等前沿技术在交通领域中充分运用，建立一种大范围、全方位发挥作用的，实时、准确、高效、安全、节能、环保的智慧交通系统，对于交通行业的未来发展会有重要作用。此外产品技术创新也将为企业竞争带来新的契机，使得应用系统升级改造或将掀起新一轮建设热潮和带来巨大商机。从更宏观的层面来讲，更大的意义在于造福社会民众。

1.2　交通前沿技术的内涵

智慧交通是在交通领域中充分运用物联网、云计算、人工智能、自动控制、移动互联网等技术，对交通管理、交通运输、公众出行等交通领域全方面以及交通建设管理全过程进行管控支撑，使交通系统在区域、城市甚至更大的时空范围具备感知、互联、分析、预测、控制等能力。通过综合利用云计算、大数据处理等各种信息技术，对交通运输系统中的人、车、路、环境等多元交通要素信息进行融合处理，从而实现交通信息的数据采集、传输、处理与服务的综合体系结构，以充分保障交通安全、发挥交通基础设施效能、提升交通系统运行效率和管理水平，在缓解交通拥堵、减少交通事故、降低能源消耗和环境污染等方面发挥至关重要的作用，为通畅的公众出行和可持续的经济发展服务[1,2]。

1.3 交通前沿技术的主要内容

1.3.1 感知与识别技术

感知与识别技术是交通物联网的基础，负责交通事件和数据。实现交通信息的感知和识别，包括多种发展成熟度差异性较大的技术，如无线射频识别（radio frequency identification, RFID）、条码、无线传感器网络（wireless sensor network, WSN）、雷达、摄像头、红外等多种标识手段[3,4]。其中 RFID 已被公认为是物联网构建的基础和核心。RFID 技术在交通运输行业有着广泛的应用，如智能交通领域、智能物流等。目前典型应用包括道路运政管理、水路运政管理、港口管理及海事管理、高速公路联网与不停车收费、多路径识别、车辆管理、集装箱管理、船舶管理、货物管理、堆场管理等。

1）感知技术

传感技术利用传感器和多跳自组织传感器网络等，协作感知、采集交通运输系统中各交通要素信息。目前这方面的研究热点包括泛在传感网等，它是物联网末梢所采用的关键技术之一。泛在传感网是由多个传感节点组成的分布式无线自组织网络，用来感知物体周围变化的信息，一般提供局域或小范围内各交通要素之间的信息交换。

传感器技术的发展使得人们对车辆状态及其周边环境的描述更加清晰和完整，特别是图像识别技术和 76~79 GHz 雷达技术的应用，使得车辆可以在复杂环境下将高速行驶车辆前方和侧面的车辆、行人、障碍物等识别出来，配合定位技术和安全辅助驾驶技术，可以大大提高车辆行驶的安全性，还可以对行人进行避让。同时，传感器技术的发展还为自动驾驶系统的开发提供了支撑。

2）识别技术

识别技术涵盖物体识别、位置识别和地理识别等诸多方面，对交通要素的识别是实现交通物联网全面感知的基础。带有全球定位系统芯片的智能手机和车辆在使用交通信息服务系统时，自己也成为交通信息的提供者，也就是所说的众包模式。智能手机和车载设备的定位数据直接传送到汽车服务商或信息服务商的信息中心，处理后得到道路拥堵信息，并发回给系统内的车辆用户和智能手机用户。这样就形成了不依赖于政府管理部门的道路交通信息采集和服务系统，如国际上的 TomTom、中国的高德和百度，以及各大电信运营商等都开始了这类服务[5]。车联网位置感知技术主要采用卫星定位技术，位置感知是车联网最重要的感知技术之一，它是车辆行车监控、在线调度、智能交通和辅助驾驶的基础技术。目前全球最重要的位置感知技术体系主要应用 GPS 系统，中国北斗卫星导航系统发展也很快，将成为重要的位置感知技术体系。

1.3.2　网络与通信技术

网络是交通物联网信息传递和服务支撑的基础设施平台，涵盖泛在接入和骨干传输等多个层面的内容，主要有 Internet、3G/4G 移动通信网络、Wi-Fi /WiMAX 等。通信网络方面我国具有较强的基础，我国提出并主导的第四代移动通信系统 TD-LTE 国际标准，实现了全产业链的群体突破，并在全球广泛应用。文献[6,7]中研发的 Multi-Radio 高性能网关，支持 802.11n 和 IPv6 协议，且可同时支持三个嵌入式 Wi-Fi 模块的操作，实验测试结果也表明其完全能够满足交通物联网的网络传输需求。而以传感器网络为代表的末梢网络在规模化应用后，面对与骨干网络的接入问题，并且需要与骨干网络进行充分协同，这些都将面临着新的挑战，需要研究有线、无线和移动网及 Ad-hoc 网技术、自治计算与联网技术等。

宽带移动通信和专用短程通信（dedicated short range communication, DSRC）的技术成熟和应用成本下降，使得 ITS 中的智能终端、车辆、基础设施之间能够实现低成本和高可靠的互联，参与交通的人、车辆、设施成为宽带网中可以相互交换信息和相互作用的单元。通过基础设施和车辆的配合，发达国家近几年来热门的合作式 ITS 或互联车辆（connected vehicle）都是这个方面的具体应用。

DSRC 标准经过十多年的磨合，已经准备就绪。但作为最有前景的车联网载体，LTE-V 在时延、传输速率、可靠性、部署成本方面具有明显优势。过去十多年，国际上几大标准化组织都开展了制定 DSRC 标准的工作，其中以美国 ASTM/IEEE、欧洲 CEN/TC278 标准体系和日本的 ISO/TC204 为代表。我国交通部 ITS 中心向交通运输部无线电管理委员会提出将 5.8GHz 频段分配给智能运输系统技术领域的短程通信（包括 ETC 收费系统）。由于涉及领域之多，影响面之大，无论是北美、欧盟以及日本这些发达国家，还是我国，V2V 标准尚处于推广阶段，还未实现大规模的商用。正如人体的神经网络一样，网络与通信技术是车联网的核心组件。

1.3.3　云计算及大数据处理技术

云计算是一种新兴的计算模型和商业模式，但其本质上并非一个全新的概念，它是由集群计算、效用计算、网格计算、服务计算等技术发展而来，主要关键技术包括：数据存储技术、数据管理技术、编程模型和任务调度模型、安全与隐私保护等[8]。

从交通物联网系统架构中可以看到，通信技术、传感器技术及智能手机的发展，使得交通系统中采集的数据量成百上千倍地增长，但获取成本却大大下降。

智能交通系统名副其实地成为具有大数据特征的系统。其中，海量交通信息数据的分析与处理技术是交通物联网应用大规模发展面临的主要挑战之一，只有通过大数据管理和处理技术的应用，才能更加准确地描述交通系统。

针对交通运输行业数据信息量大、信息实时处理要求性高、数据共享的高可用性以及高稳定性等需求，需要通过云计算技术搭建统一的数据处理平台，实现数据信息的共享与协同，并通过大数据挖掘技术实现对海量多源交通信息数据进行动态、实时处理[9,10]。同时交通云计算平台通过虚拟化等技术，整合服务器、存储、网络等硬件资源，优化系统资源配置比例，为交通大数据处理提供弹性可扩展的处理平台，实现应用部署的灵活性，同时也能提升资源利用率，降低总能耗以及运行维护成本[11]。

目前普遍采用的是类似 MapReduce 的分布式处理开发框架以解决海量数据处理问题的伸缩性需求，研究方向包括 MapReduce 应用领域的扩展、MapReduce 性能的提升、MapReduce 易用性的改进以及 MapReduce 实时数据流处理能力的增强等[12]。针对大数据处理的时效性问题，内存数据库通过将数据在内存中进行运算，避免了 I/O 操作，从而获得了优于传统磁盘数据库的处理性能。同时，分布式数据处理技术通过将海量数据分散在云平台的多个服务器节点上，并执行数据运算任务，将能进一步提高交通物联网应用系统的处理性能。基于此，分布式内存数据库非常适合海量交通数据的实时处理[13]，有望解决交通物联网的海量交通信息数据计算的瓶颈问题[14]。所以云计算与大数据技术为交通物联网提供了重要的支撑平台，交通物联网依赖于云计算技术为其提供“智慧交通”服务的处理能力。

1.3.4 移动互联网技术

李克强总理提出要制订“互联网+”行动计划，意味着“互联网+”正式上升为国家战略，“十三五”期间互联网将与交通行业深度渗透融合，对相关环节产生深刻变革，并将成为建设智慧交通的提升技术和重要思路。服务是交通运输的本质属性，随着移动互联网、智能移动终端大范围应用，信息服务向个性化、定制化发展。信息服务系统与交通要素的信息交互更加频繁，系统对用户的需求跟踪、识别更加及时准确，能够为用户提供交通出行或货物运输的全过程规划、实时导航和票务服务，基于位置的信息服务和主动推送式服务水平大大改善。

随着无线通信技术和智能移动终端的快速发展，基于位置的服务（location based service，LBS）在交通、物流领域得到了广泛应用，它能够根据移动对象的位置信息提供个性化服务[15]。LBS 是交通物联网提供按需服务的核心技术之一，其主要是通过获取用户的当前动态位置信息，在地理信息系统（geographic information system, GIS）平台的支撑下，为用户提供更为智能化服务的一种增值业务。需要应用开发工具支持未来的“3×3”平台与架构，即三个主要平台（Android, iOS 和 Windows）和三个主要架构（本地、混合和移动 Web）。工具选择是一个复杂的平衡行动，权衡许多技术和非技术问题，如生产效率和厂商的稳定性。大多数机构将需要一些工具组合提供它们需要的架构和平台。LBS 包括两层含义：首先是确定移动设备或用户所在的地理位置，其次是提供与位置相关的各类信息服务。而在云计算的背景下，LBS 面临着诸多挑战，包括海量移动对象当前/将来位置索引、隐私保护等[16]。

手机信令是手机移动通信网络中的定位信息，基于手机信令的交通信息采集原理为：通过移动网络的原始信令采集平台采集指定区域的用户手机信令数据，提取信息并进行特殊处理后推送给实时交通信息处理平台。通过该平台完成样本过滤、噪声处理、地图匹配、统计模型建立、速度计算等功能。手机信令可以应用于对高速公路交通态势进行监测，通过对手机信令数据的实时处理和分析形成车速分布统计、位置分布统计、行程时间统计、交通出行分布统计等多维数据的采集。

1.3.5 人工智能技术

人工智能（artificial intelligence, AI）是计算机学科的分支，通过模拟情景、人的意识和思维独立完成具体指令。AI 涉及的领域包括机器人、语言识别、图像识别、专家系统等，它已经逐渐融入现代生活，而且也在交通领域得到了广泛研究与应用。在面对各类城市问题时，我们拥有布满天空的卫星、充分的气象信息、无处不在的摄像头、大量的无线通信终端、海量的移动通信数据，收集所有可能的数据迟早可以派上用场，从而使大数据成为向人工智能技术发展的重要推手。城市的物理系统需要整合资源、统一管理，充分利用人与设备的自我感知能力，实现各类数据的快速采集与共享，位于本地或云端的便宜的存储，这些都催生了对更复杂的数据分析方案的需求——更加具有洞察力，更加智能。人工智能技术是对人的意识、思维的信息过程的模拟，可以改进搜索质量，可以让电脑无限接近人的大脑，并且可以通过深度学习等机器学习算法，实现对物体的识别、人脸的识别。例如，无人车核心是基于人工智能的汽车大脑，目前汽车大脑基于云端数据和传感器的数据，为汽车提供高精度地图、高精定位、智能感知、智能控制的自动驾驶整体解决方案[17]。

当前车载信息服务市场发展并不尽如人意，主要原因是汽车智能化的程度还有待提高，当前车载信息系统和手机等信息终端的同质化竞争以及智能交通基础设施有待完善。由于社会信息化的发展，推动汽车由移动的物理工具向移动信息集成中心转变，而这一技术属性的改变，会极大地推动车载信息服务市场蓬勃发展。汽车智能化、交通智能化、智慧城市的发展趋势，将使更多车辆信息陆续开放并通过高速总线上传到车载信息终端，使车载信息终端成为车辆的大脑，车载网络成为车辆的神经系统，由此实现信息采集、传递、计算、反馈、控制的功能。所以车载信息服务终端将逐渐演变为自动辅助驾驶系统，最终演变为人工智能系统，毫无疑问，无人驾驶汽车肯定是未来汽车演化的重要方向，而人工智能（AI）在其中又将扮演不可或缺的角色。人工智能系统能够实现语音识别、文字信息朗读、直接操作、手势变化、人眼动作识别和跟踪等功能。此外增强显示、抬头显示、三维显示和接近头盔显示器的解决方案也将被用到汽车显示上，从而为驾驶者轻松驾驶（智能驾驶）、安全驾驶（主动安全和被动安全）、明白维修（故障提示和保养指南）保驾护航，为出行提供各种方便。例如，可以在驾驶者刚刚点火时就预测其目的地，且进一步提出规避交通拥堵的最佳路径。不仅如此，汽车还会进一步结合行驶状况，不断优化行驶过程，从而实现动力调整，提升燃油效率。

1.4 交通前沿技术的经济社会效益

在构建智能城市过程中，智能交通可以实现巨大的经济效益，主要可分为直接经济效益与间接经济效益两方面。①直接经济效益。智能交通可促使行车成本降低，促使交通运输中的劳动生产率大幅提高，使交通出行所用时间有效缩短，促使交通运输事故发生率显著降低，使车辆使用寿命大幅延长，降低能源使用量。同时，智能交通还可促使公共交通运行效率与服务水平大幅提升，引导人们在出行时尽量选择公共交通方式，这对于机动车与非机动车混行的城市而言更具实施价值。②间接经济效益。智能交通属于新兴产业，其发展主要依托于计算机、汽车制造、信息与通信等诸多产业。在发展智能交通的过程中，可对这些相关产业予以有效带动，促使这些产业不断实现可观经济效益。建立智能交通系统可对周边地区交通状况予以有效改善，促使该地区经济得到全面发展。另外，智能交通的建设可促进路网服务水平有效改善，提高出行效率，能够为各行各业带来不可估量的经济效益。

1.4.1 成本效益

城市智能交通主要依靠政府投资建设，行业发展受政策影响明显。据前瞻产业研究院发布的《2016—2021 年中国智能交通行业发展前景及重点企业经营分析报告》数据显示，近 5 年来，为解决城市交通拥堵和提高交通安全，依靠智能交通行业政策纷纷出台的利好影响，城市政府对城市智能交通系统建设的投入逐步加大，城市智能交通市场爆发式增长。自 2010 年第一季度开始，国内智能交通市场项目数量 643 个，市场规模 57 亿元人民币，其中城市智能交通项目 451 个，市场规模 17.1 亿元，同比增长 30.5%，高出 2009 年城市智能交通市场一倍。2011 年中国智能交通行业应用总体市场规模达到 252.8 亿元，比 2010 年的 201.9 亿元增长了 25.21%。2012 年，随着各地“智慧城市”建设的推进，在智能交通行业 IT 应用投资方面加大了力度，2012 年比 2011 年增长了 25.59%，规模达到了 317.5 亿元。2013 年受政府投资推动智慧城市建设的影响，智能交通行业应用投资增长至 408 亿元，增长率则高达 28.5%。经历了“十二五”的快速发展，智能交通产业投资额以年均 25%以上的速度快速增长。据不完全统计测算，2016 年中国智能交通综合市场规模超过 700 亿元。截至 2016 年 12 月底，包括城市智能交通和高速公路机电市场的全年千万项目统计规模为 257.4 亿元，同比增长 41%，而其中交通管控市场千万项目规模是 124.68 亿元，智慧交通和智能运输市场千万项目规模是 26.94 亿元，高速公路机电市场千万项目规模是 105.8 亿元。预计到 2020 年，智能交通投入将接近 2000 亿元。从长远来看，中国的智能交通系统具有广阔的发展前景，将在交通运输的各个行业和环节得到广泛应用。

各地政府对智能交通系统的建设日益重视，部分城市的智能交通管理已达到较高水平，ETC 收费、停车场资源引导、道路信息发布、路况信息推送等基于智能交通系统的服务已基本实现。战略规划将直接驱动市场对视频、安防、监控、收费等设备的需求，未来的智能交通将会迈入“大数据”时代。虽然智能交通系统在中国的发展尚不完善，未来还有众多领域有待开发，但市场前景广阔，在较长一段时间内都将继续呈现高速增长的态势。

国际公共交通联盟（UITP）估计全世界每年因交通拥堵造成的经济损失平均为 5000 亿美元，其中伦敦为 35 亿美元，巴黎为 60 亿美元[9]。根据零点研究咨询集团在与北汽福田汽车股份有限公司于 2005 年联合发布的《中国居民生活机动性指数研究报告》中指出，2005 年北京的车主平均每个月要支付 375 元为交通拥堵买单[10]。

北京城市智能交通管理指挥控制系统自 2005 年投入使用后，由于通行能力的增加，据统计机动车平均行驶时间下降了 13.38%，由此带来拥堵成本的下降平均约为每辆车 375×13.38%=50（元/月），所以可以计算得出 2006~2008 年系统在降低城市交通拥堵上所产生的社会效益累计达到约 57 亿元。

1.4.2　经济效益

发展智能交通在带动庞大软硬件设备行业发展的同时，还将催生交通信息服务等新兴产业的形成，形成交通管理、出行信息服务、应急管理、电子收费、公共交通运营管理等不同的系统应用。从软硬件产品看，智能交通建设需要大量芯片、光纤、传感器，这些产品的研发、投资、生产，将拉动高科技产业增长，创造大量就业岗位。同时，智能交通信息平台的建设为交通信息服务业的兴起提供了基础。以位置信息服务为例，就包括了地图、定位、导航，以及智能交通调度、智能站牌、智能停车等服务，从而衍生出多个新兴产业。从美国已实施的智能交通系统看，其收益成本比低的为2∶1，高的达到62∶1，大多达到10∶1。

其中车联网的巨大社会和经济效益日趋显著，早在2012年，汽车物联网项目已被列为我国重大专项。根据前瞻产业研究院发布的《2015—2020年中国车联网行业市场前瞻与投资战略规划分析报告》数据显示，从2005~2013年，中国车联网用户数量从5万增至600万，年复合增长率达到81.92%。而随着我国汽车保有量和产量的不断增长，预计这一数字还将扩大，2020年突破5000万户。2014~2020年车联网用户的年均增幅有望达到33.48%，行业渗透率超过20%。推动国家相关汽车制造、汽车电子、移动互联网及北斗卫星导航系统民用产业化等产业链的发展，形成数千亿元产业。

1. 车载导航技术市场

1）车载导航发展现状

车载导航是汽车电子的重要应用之一。日本的车载导航市场始于1992年，新车装载导航产品的比例由1992年的0.4%提高到2007年的79%，增长速度迅猛。继日本之后，欧洲和美国的导航市场也呈现快速增长态势。卫星导航系统民用化后，车载导航系统由于其产品实用性强、市场规模大，市场增幅明显。2006~2010年，全球汽车导航设备出货量由约2100万台增长到约11 500万台，年均复合增长率为40.51%。

从市场潜力的角度分析，我国车载导航系统市场的潜力是巨大的。从装车率看，截至2007年年末，中国汽车保有量达到5600万辆，但车载导航仪的加载率仅为2%左右。而日本的汽车车载导航系统安装率高达59%，欧美也约为25%。

2）车载导航行业市场前景

由于我国汽车产销量和保有量正处于快速增长期，我国城市基础设施和道路交通建设发展速度快，随着人民生活水平的不断提高，远足、旅游人数逐年高速增长，对导航产品的需求必然会越来越高。车辆定位及综合管理的GPS综合应用到了高速、全方位发展的时期。据中国工程院院士、中国卫星导航学术年会科学委员会执行主席刘经南2011年3月预计：由于北斗卫星导航系统的成熟，北斗卫星导航系统到2020年将有望达到4000亿元的产业规模。

2. 传感器技术市场

1）传感器发展现状

近年来，国内传感器应用主要分布在机械设备制造、家用电器、科学仪器仪表、医疗卫生、通信电子以及汽车等领域。2012 年我国物联网产业规模达到 3650 亿元，比上年增长 38.6%；生产传感器 24 亿只，市场规模超过 900 亿元，但智能传感器发展滞后。

近年来，国内传感器市场持续快速增长，年均增长速度超过 20%，2011 年传感器市场规模为 480 亿元，2012 年达到 513 亿元，2014 年则达到 865 亿元。据统计，至 2020 年，我国物联网整体市场规模将或达到 1.8 万亿元，传感器产业将从中直接受益。

2）传感器行业市场前景

就全球的车用传感器市场规模来看，2012 年是 170 亿美元，其中中国是 24 亿美元。到 2016 年全球车用传感器市场会增长 33%，达到 225 亿美元的规模，中国则会翻倍，从 24 亿美元增长到 48 亿美元。根据预测，2020 年全球汽车传感器的市场规模将会达到 243 亿美元。从数量上看，中国车用传感器的总数在 2012 年是 5 亿只，几年之内到 2016 年就会翻倍达到 10 亿只。

3. 车载信息服务终端市场

1）车载信息服务终端发展现状

车载信息服务涉及众多相关行业，并与通信技术、软件技术以及传统的机械和能源技术紧密相关，其市场前景值得期待。从服务组成角度讲，车载信息服务主要分为驾驶、安全、商业、管理 4 大类服务。车载信息终端（car informatics device，CID）系统是结合车载信息服务商（telematics service provider，TSP）业务模式，利用无线通信、移动网络和卫星导航技术为用户提供专业的汽车卫星导航定位、无线通信、信息娱乐、安防监控和汽车移动互联网等服务的终端产品。并且 CID 系统处在产业链中的核心地位。2005 年，随着手机互联等新技术的融入，CID 系统开始向多功能娱乐方向过渡。近年来随着移动互联网应用的普及，产品功能及价值实现了较大的增强及提升，多功能、定制化、智能化 CID 系统逐步发展成为 CID 系统市场的主流产品。

驾驶服务包括车辆信息服务、路况信息服务两大类，此类服务的作用在于辅助驾驶者轻松、安全驾驶。商业服务包括商家查找、商户预订、广告推送、物品购买以及传统的车载广播电视等。以上两类服务属于目前比较成熟的服务领域。管理者市场则是指政府或者其他管理部门，从安全、管理等行政目的出发，采取强制或半强制安装车辆信息服务系统以实现监督、管理、控制目标所带来的这部分市场，例如四部委发出的关于“加强道路运输车辆动态监管”通知部署，其明确指出“两客一危”车辆（长途客车、旅游客车、危化品车辆）需安装使用具有行驶记录功能的卫星定位装置，主要反映车辆的位置、速度、驾驶者状态、乘员和货物状态、行驶习惯等。

未来，车载信息服务最大的增值空间应该是安全服务，主要包括安全闭锁、轮胎气压、气囊状态、事故一键报警、倒车视像、前后车距、驾驶员盹睡状态、驾驶员醉酒状态、车辆状态远程监控等与车辆安全行驶和安全停放有关的信息与服务。目前由于技术限制，在安全服务领域的服务种类和内容最为薄弱，特别是主动安全服务，这也使得目前车载信息服务不能很好地发挥自身特点。

2）车载信息服务终端市场前景

近年来，随着社会经济实力和人民生活水平的不断提高，我国汽车保有量正快速增加。根据国家统计局发布的《国民经济和社会发展统计公报》，截至 2016 年末，我国民用汽车保有量达到 19440 万辆。根据当前中国汽车偏低的渗透率和快速提升的消费能力，预计中国汽车保有量的稳态规模有望增长至 3 亿辆以上。我国汽车保有量的稳步、快速增长将推动具备车载导航功能的 CID 系统销售量呈现快速上升趋势。具备车载导航功能的 CID 系统由 2006 年的 120.3 万台增加到 2011 年的 908.3 万台，年复合增长率为 65.77%。

目前各大汽车巨头都推出了自己的车载多媒体系统，这些操作和功能正在逐步向着我们日常使用的手机、平板电脑的方向靠拢，并集成了更多车载功能，方便驾驶者操作。自主品牌车载信息系统主要有上汽集团的 inkaNet 系统，主要安装在荣威 350、950 系列上；其次是一汽集团的 D-Partner 系统，主要安装在奔腾、红旗系列上；此外，东风、吉利、比亚迪、长安、奇瑞、华泰的相关产品也陆续安装上车。在国际品牌方面，主要包括奥迪 MMI、宝马 iDrive、凯迪拉克 CUE、苹果 CarPlay 等。

（1）奥迪 MMI。信息和娱乐组合（即信息娱乐）今后将变得更加重要。然而，越来越广泛的功能和选项与传统的车载操作控制结构形成了不可避免的冲突。鉴于这个因素，奥迪开发了新型操作控制概念：多媒体交互系统（multi media interface, MMI）。MMI 在一个显示屏和操作系统中，巧妙地融合了所有信息娱乐部件的操作，通过精简控制器，并执行统一逻辑，MMI 可以迅速、方便、直观地使用大量的功能和技术。通过 8 个功能键可以控制系统的主要功能——娱乐、通信、信息与车载系统控制。

（2）宝马 iDrive。宝马 iDrive 系统的外显装置是位于传统轿车排挡杆位置的一个旋钮控制器和仪表盘中部的一个 LCD 显示屏。中央旋钮的作用类似于电脑鼠标，通过推拉、旋转和下按等动作，可以控制显示屏上的多级菜单，对8个主菜单下数百个功能进行选控。其中，系统所包含的BMW ConnectedDrive互联驾驶，可提供旅程咨询服务、紧急救援服务、车辆的远程控制，包括闪灯、鸣笛、解锁、车辆远程定位等，并且实时交通信息、资讯在线、百度在线搜索、BMW应用和第三方应用、移动办公室也包含在内。

（3）凯迪拉克CUE。凯迪拉克CUE系统的全称是凯迪拉克移动互联体验，它是由中控台、方向盘控制装置、大尺寸的全数字液晶仪表盘和语音信息识别系统构成，而整个系统的核心装置为中控台屏幕及触控面板。这套系统集成车辆的多媒体控制、安全控制和舒适性控制，极大地提高了车主在用车过程中的便利性。

（4）苹果CarPlay。在苹果“iOS in the Car”的计划下，一款名为CarPlay的车载移动终端使得人机交互变得更加拟人和生动。其实早在苹果之前，谷歌已经先行联合通用、本田、奥迪、现代和芯片制造商英伟达（NVIDIA）成立谷歌OAA联盟，为的就是在未来车联网领域抢先获得市场经验。

（5）丰田G-book。G-book就是丰田的智能副驾系统，是指将车辆远程诊断、远程维护、被盗追踪、紧急通报、话务员服务等多项尖端技术和后台服务，通过车载显示器实现人车交互。目前G-book已应用于丰田和雷克萨斯的部分车型。G-book是一种在任何时间任何地点更有条理、更有效率连接人们、汽车和社会的网络资料系统。它将服务于个人计算机、数字助理、手机等各式平台。G-book实现的功能有话务员服务、路径检索、信息提供、远程诊断、紧急通报、道路救援、被盗通知和远程维护等。

（6）CARWINGS智行。CARWINGS智行是东风日产为旗下新天籁所搭配的车载信息服务系统。它由两个部分组成：首先是基于蓝牙技术的信息系统；其次是装载在汽车上的油耗显示仪。CARWINGS智行差不多和G-book同时发布，两者间也有着极为相似的功能特性，如提供汽车的诊断、路径检索等，在信息提供上均是采用定制方式，具有一定程度的局限性。

（7）荣威inkaNet系统。inkaNet系统是上汽与中国联通合作推出的一款基于Android平台的inkaNet 3G智能网络行车系统，包含了导航、远程呼叫、电话、资讯娱乐、下载应用等功能。另外，iVoka为inkaNet注入了最新元素——语音云驾驶。inkaNet车载智能行车服务系统拥有领先的科技配置，还与豆瓣音乐库实现网络音乐播放与搜索的连接，能够满足爱乐一族的海量需求。

4. 人工智能技术市场

在美国IHS公司发布的关于人工智能的调研报告中，分析师预期到2025年，车内AI人工智能系统的数量将从2015年的700万台增加至1.22亿台；同时基于

AI 技术打造的相关系统（绝大部分以语音识别功能为主）的新车配售率会从 2015 年的 8%增加至 2025 年的 109%；此外，IHS 公司指出，未来很多汽车上都会安装具有不同功用的人工智能系统。

汽车芯片上 GPU 是目前能够实现人工智能在汽车上大规模应用最合适的硬件。迄今为止，英伟达是唯一一家提供 AI 系统开发/测试软硬件解决方案的公司，并且推出了 Drive PX2 平台。但现在 Drive PX2 的能耗仍在 250W，如果新的平台的能耗可以降低到 50W，可以暂时作为无人驾驶汽车理想的 AI 平台。除了英伟达和 Mobileye，恩智浦也在研究人工智能。Xilinx、Altera、英特尔在 AI 方面大规模投入，像 Ceva、Synopsys、Cadence、Mentor Graphics 这些 IP 供应商同样涉及人工智能领域。更加令人值得关注的是，2017 年 3 月，英特尔以 153 亿美元的价格溢价 50%收购了全球最大的 ADAS 厂商 Mobileye，此次收购对英特尔在自动驾驶领域的技术实力甚至全球自动驾驶产业的竞争格局均产生了一定影响。特斯拉推出 Autopilot 功能时，就声称这套系统使用了 Mobileye 的 EyeQ3 芯片，其中包含人工智能算法的应用。未来以语音输出输入与车载终端互动的方式依然是车载终端发展的一大趋势，而且导航技术将更加直观易用，传统的静态导航将逐渐被动态导航所取代，3D 导航、实景导航和在线化方式都将成为未来发展方向。对于传感器，欧洲已经有 Tier 1 供应商和 OEM 主机厂在研究如何将人工智能运用于雷达，而 AI 在传感器融合方面也会扮演着重要角色。Tier 1 供应商和 OEM 主机厂需要联合开发一套统一的安全测试，通过标准的参数设定，对人工智能系统进行认证和评级。

人工智能一直被认为是能够实现无人驾驶汽车商业化的关键推动技术。所以这也是整个汽车供应链都为之振奋的原因。

1）人工智能芯片市场

半导体芯片在汽车领域的用途非常广泛，除了常见的多媒体娱乐系统、智能钥匙和自动泊车系统外，芯片还广泛应用在汽车发动机和变速箱控制系统、安全气囊、驾驶辅助系统、电动助力转向、ABS、电子稳定性系统（ESP）、行人保护、胎压控制、电动车窗、灯光控制、空调系统、座椅调节系统中，堪称汽车的神经。国内汽车电子芯片行业主要代表企业见表 1-1。

2）全球汽车电子芯片发展现状

目前，汽车半导体市场被瑞萨电子、英飞凌、意法半导体、恩智浦等国际巨头所垄断。同时，这些国际巨头的兼并重组正在加速。2015 年恩智浦与飞思卡尔两大巨头合并，行业集中度进一步提高。2014 年全球车用芯片市场规模约 214 亿美元，预计 2020 年将超过 400 亿美元。

表 1-1　国内汽车电子芯片行业主要代表企业

企业名称	企业业务介绍
大唐电信	业务定位于新能源汽车、混合动力电源管理和驱动以及新能源相关的集成电路设计领域
全志科技	国内领先的智能应用处理器 SoC 和智能模拟芯片设计厂商，公司的处理器芯片可用于汽车多媒体影音系统和行车记录仪等市场
杰发科技	致力于汽车电子行业，为全球车载信息娱乐市场提供解决方案的 IC 设计企业
比亚迪	拥有从 IC 设计到功率芯片设计、晶元制造、IC 封装测试、模组封装测试等完整产业链
上海半导体	国内最早从事汽车电子芯片、IGBT 芯片和 MEMS 芯片制造的企业，产品广泛应用于智能身份证、汽车电子、电源管理、通信及电子消费品等领域

3）中国汽车电子芯片需求规模

2015 年，中国汽车电子芯片行业市场规模为 318 亿元。但我国芯片产业长期被国外厂商控制，汽车芯片几乎全部依赖进口，不仅每年进口需要消耗 2000 多亿美元外汇，超过石油成为第一大进口商品，而且，受制于人的技术设备直接制约了我国信息产业的发展。

4）汽车电子芯片行业市场前景

汽车产业 60%~70%的技术创新都是由汽车电子技术推动的，而芯片是设备智能化的核心。随着汽车智能化、车联网、安全汽车和新能源汽车时代的到来，汽车芯片的使用将更加广泛。我国提出的“制造 2025”“中国芯”等政策，芯片进口替代需求强烈，政府大力支持国内厂商自主研发芯片，获取产业链上高附加值，未来自主研发汽车芯片企业有望实现突破，打入国际主流厂商供应链，逐步取代进口芯片。我国汽车电子芯片行业需求仍将持续增长，中商产业研究院预计 2021 年，我国汽车电子芯片行业需求规模将达到约 500 亿元。

1.4.3　社会效益

在智能城市建设中，发展智能交通具有巨大社会效益，这主要体现在以下几个方面：①改善环境，实现能源节约。发展智能交通可促使交通出行在能源需求上有效降低，可实现节约能源的目的，同时可大幅降低治理相应环境污染工作所需费用。现阶段，城市噪声中交通噪声占据极大比例，这对智能城市的建设具有严重阻碍作用。在构建完成智能交通后，可通过减少车辆停车次数与变速频率对交通噪声污染加以控制，同时可保证现有道路交通能力得以充分发挥，提高路网利用率。②促使城市交通服务质量与管理服务水平显著提升。智能交通发展对交通管理法制建设与交通管理体制改革有较大促进作用，可促使交通管理服务意识加强并改善，促使交通管理不断提高现代化水平，实现单纯被动交通管理转换为主动管理服务类型。③对传统产业有带动作用，同时可促进新兴产业发展。智能交通可促进传统交通运输产业和电子、计算机、信息及通信等产业发展，同时可促进交通信息这一新兴产业发展，促使智能城市建设整体产业结构中高新技术产业所占比例大幅提高。④对科技进步有一定促进作用。智能交通建设需要各高新技术在交通行业中集成应用，不仅需要交通产业现代化建设水平逐渐提升，同时也需要各相关产业提供足够技术支持，共同服务于交通建设，实现更高水平。在这一背景下，智能交通可对社会科技进步予以一定程度推动。

1. 保障交通安全

据世界卫生组织发布的《道路安全全球现状报告 2013：支持行动十年》报告显示，每年全球约有 124 万人死于道路交通事故，交通伤害已成为全球第八大死因。中国作为全球最大的发展中国家，情况更加严重，据统计，2012 年全国内地涉及人员伤亡的道路交通事故 204 196 起，造成 59 997 人死亡，造成的直接经济损失是 117 489.6 万元[18]。交通事故不仅对受害者及其家人带来极大的痛苦，而且造成了巨大的经济损失和社会影响，严重影响到世界各国的可持续发展。据预测，若道路交通安全状况不加以改善，到 2030 年全球每年死于交通事故的人数将达到 240 万。因此未来的交通计划不应该只关注增加交通相关知识的教育、提升公共意识、加强法律管理、提升道路建设水平、训练救助伤员技巧、收集分析事故诱因数据等，交通前沿技术的广泛应用也是当今世界实现道路交通安全最重要的技术手段之一。

从 21 世纪开始，美国在战略上从全面开展研究转向重大专项研究，重点关注车辆安全和车路协同技术，美国交通运输部陆续开展了智能车辆行动（intelligent vehicle initiative, IVI）、车路集成系统（vehicle infrastructure integration, VII）。

美国交通部在 2009 年推出了 IntelliDrive 美国战略计划（现更名为 Connected Vehicle Research），其主要内容为交通系统运行提供全新解决方案的大型 ITS 研发计划，是在车路一体化（VII）项目的基础上深化研究车路协同控制，包括车路和车车通信研究和实用化测试、开发和试验车载安全辅助系统，研究如何更好地获取交通系统运行数据以及管理和应用数据等。美国交通运输部 2017 年期望在美国全面使用车路合作系统，来减少 90%与交通事故有关的死亡人数和相应的损失。

无人驾驶汽车的研究还表明，通过实现车路之间的相互通信，这种先进的驾驶辅助系统有很大的潜力来改善道路安全。麦肯锡预计，到 2030 年，全新生产的汽车中，有 15%是完全自动驾驶的。在实施智能交通建设项目的基础上，交通前沿得到了广泛的应用场景，利用通信与传感技术，通过显示或预警装置，给驾驶员提供足够的交通信息，帮助驾驶员做出最合适的驾驶操作决策。在特殊情况下，可以预先警告驾驶员或转为自动控制，防止因为驾驶疏忽或机件故障造成交通事故，并可以提供适当的安全防护，最终实现自动驾驶，将完全排除人的因素而导致的交通事故，从而提升车辆行驶的安全性，以及实现高效安全的行车秩序。同时对交通参与者的交通行为的监管力度得到加强，可以减少交通参与者的违章行为，进而有效降低交通事故发生率。同时，也会提高对交通事故处理和援助能力，减少因事故造成的直接损失和间接损失。因此在大范围内保证机动车设备安全且运行安全，才是其成功商业化的关键因素。

2. 保护生态环境

道路交通对大气的污染主要是由汽车尾气排放造成的，这些尾气污染物主要有一氧化碳（CO）、氮氧化合物（NO_x）、碳氢化合物（HC）、空气悬浮物（TSP）等。汽车尾气的排放与车况密切相关，在车况近似的前提下，与行车速度和行驶时间相关。实施 ITS 后，由于行车速度提高，行驶时间减少，会降低因汽车造成的空气污染，进而减少对污染治理所需要的费用。

汽车启动、制动时产生的噪声比平时正常行驶时高出 7 倍，由汽车所产生的交通噪声占城市环境噪声的 70%，交通噪声已成为城市噪声的主要来源。实施 ITS 后，可以明显减少车辆的速度变化频率和停车次数，进而降低因汽车造成的噪声污染。

科学技术、新商业模式以及不同交通方式之间的协同融合，将会为环境治理做出贡献，创造更大的社会效益。车辆行进稳定，减少停车需求，能源利用效能提高，排放废气自然减少，因而可以减少车辆交通运输所造成的空气污染和交通噪声，达到保护生活环境质量的效果。

根据日本计算，采用 ITS 后，2025 年的交通事故将减少 50%，平均车速将提高 10 km/h，交通堵塞现象完全消除，由此可减少 56 亿小时/年的时间损失和 12.3 兆日元/年的经济损失，燃油消耗降低 25%，CO 降低 15%，NO 降低 30%。在欧洲因采用 ITS 技术可以减少 5550 亿~5600 亿欧元的交通事故、交通阻塞和环境污染等经济损失以及增加 1000 亿欧元的市场规模。

3. 节约能源资源

交通前沿技术所带来的能源资源节约除了具有节约经济成本的经济效益外，从能源和资源保护的视角看，也具有积极的社会效益。燃料的节省带来的经济效益是指由于出行速度的提高、停车次数的减少及停车时间的减少所带来的油耗的减少而带来的经济效益。随着交通拥塞情况的改善，可以减少车辆停留在道路带来过多的能源消耗，以及减少因频繁地踩油门与刹车所造成的能源损耗，提高车辆能源利用的效能。

由无线传感器构成的传感网络具备优良特性，可以为智能交通系统的信息采集提供一种有效手段，而且可以检测路口各个方向上的车辆，并根据监测结果，改进和优化信号控制算法以提高交通通行效率。此外，无线传感器网络还可以应用于执行子系统中的控制子系统和引导子系统等方面，如改进信号控制器，实现智能交通系统的公交优先功能；避免车辆在收费处或交通信号控制路口的频繁停车和启动，使单车的能源消耗减少，也使交通出行整体对能源的需求减少，为社会节约能源资源；而位置传感器有助于实现节能、减排等功能，通过将传感器件集成到车辆上可实现精确测量，使得车辆行驶预测和精确测量技术得以广泛应用，利用车上装备的红外线或激光设备监测车距等交通运行状况，保持合适的最小车间距，保持车流稳定行进，缩短行车耗时，达到节省能源资源的目的。

4. 实现“人”的“在场”解放

智能交通最理想的状态是达到人、车、路的全方位综合智能。具体来讲，道路可以将交通流量调整到最佳状态，车辆可以更自由地驰骋；而管理人员则随时掌握道路和车辆的情况。其中无人驾驶汽车则是车辆智能化的最高表现形式，但目前市场上的绝大部分汽车仅仅是联网或实现了自动化，离无人驾驶还有很远。专家表示，利用感知和互联技术，实现对车辆的智能控制，或者更进一步，跨越自动化向无人驾驶迈进，将是解决车辆安全和道路畅通的关键，也是实现“人”手脚解放的重要节点。

无人驾驶汽车其实是车辆智能化的一种表现形式。具体来讲，其主要依靠车内以计算机系统为主的智能驾车仪，通过车载传感系统感知道路环境，自动规划行车路线并控制车辆到达预定目标来实现无人驾驶。它能针对实时交通情况作出合理决策，并辅助甚至替代驾驶员进行车辆驾驶，从而减小驾驶员的劳动强度，使车辆行驶过程变得更安全、舒适、高效。

智能决策与控制：这是无人车“大脑”的核心，利用人工智能系统语音识别、图像识别、机器学习等技术优势，其可根据实时感知的环境信息、高精度地图等实现路径的规划；同时，预测周边车辆和行人的行为和意图，作出适合路况的行车决策，从而控制汽车正常行驶。交通前沿技术的综合应用实现了车辆行驶的自动化，减少了驾驶员现场操作必要性，“人”得以从“车辆”的束缚中得到进一步松绑。这里的“人”既包括交通驾驶员，也包括管理的交通警察和协警，还包括物流搬运人员等。这种“人”的进一步解放双手，带来便捷有效的操作方式，对于人类突破改造自然活动的实体“车辆”限制具有极其重大的社会价值和意义。

1.5 交通前沿技术的特点和关系

1.5.1 交通前沿技术特点

从近年智能交通行业的变化可知，新技术及其理念和模式，正在颠覆或者再造交通运输系统。同时，智能交通系统的体系和内容都在发生重大变革，合作式智能交通，例如互联车辆是近年来国际智能交通界关注的重要方向。新技术推动智能交通系统在感知、存储、共享与交互、大数据分析以及综合服务等方面全面升级和创新，新一代感知技术和通信技术、移动互联服务、能源管理、车路协同、综合交通智能化和智能网联汽车等应用发展迅速，智能交通系统的内涵也在改变。通过整合先进科学技术（信息技术、计算机技术、数据通信技术、传感器技术、电子控制技术、自动控制理论、运筹学、人工智能等）并且有效地综合运用于交通系统，加强人、车辆、道路、环境四者之间的联系，从而形成一种保障安全、提高效率、改善环境、节约能源的智慧系统。

"智能交通"是建立在"情报"基础上的、具备"情报"处理能力的一个交通系统，从这个角度定义"ITS"就是各种"具备情报处理能力的交通管理系统"的统称。因为用"情报"做定性的基础要素，而不是"数据"或"信息"做基础，这样能更精准地反映"ITS"的本质含义。通过最前端的道路交通数据采集设施，以先知的方式向系统平台传输各种"情报"，即是感知和识别技术应用的场景。迅速对"情报"进行分析、归纳、比较、判断，并作出相应的决策来实现相应的管理及控制，这是大数据分析处理和云计算技术应用的场景。前面提到的"数据"和"信息"可以是事前和事后的，但交通管理"情报"必须是具备提前量或同步的现场数据和信息，这就是"智能交通"的根本和关键。现在人工智能等系统决策技术的不断涌现，使得人们可以不断从解决一类问题的经验中获取知识，学习策略，在遇到类似的问题时，运用经验知识解决问题并积累新的经验，结合深入的大数据分析技术应用，为管理决策提供更加科学、细致的判断证据，从而更加强调对城市交通的系统管控、科学决策和演化引导，或者说更加强调了系统中枢智慧的功能提升。

城市交通体系效能的大幅提升更大程度上有赖于整体的协调完善。合理有效的资源配置整合，高效顺畅的协调沟通，不断更新的理念和技术应用是交通体系建立和可持续的关键。针对交通前沿技术联系割裂、缺少创新的现状，需要使交通前沿技术结成紧密的网络结构，交通体系的各组成部分能够及时应对变化的需求。如将无线通信、传感器和人工智能等前沿技术综合应用于车辆和道路基础设施，通过车与车、车与路的信息交互和共享，首先实现车辆运行的安全保障，其次实现绿色驾驶和交通信息服务，它是安全辅助驾驶、路径优化、低碳高效等多目标统一的新服务。同时，必须在交通管理方面实现全流程、全方位的智能一体化。

1.5.2 交通前沿技术关系

1. 交通前沿技术关系内涵

随着智能交通市场的进一步扩大，智能交通技术也在不断进步，目前，智能交通技术发展的总体趋势主要包括四个方面的递进关系：交通运行态势精确感知，交通大数据传输，交通大数据分析处理与云计算，基于移动互联的交通智能精细化服务。

1）交通运行态势精确感知

通过大数据对城市交通系统的感知，是一个将数据组织成为信息的过程，其核心问题是通过数据对研究对象进行度量和表征。从目前的交通运行态势来看，随着物联网技术的成熟，传感器、摄像头、感应线圈等将在交通领域广泛应用，由此产生众多大数据。智慧交通系统的大数据分析技术将分析多源的数据，包括 GPS 数据、道路的传感器数据、天气数据、拥堵数据、手机通信数据、停车数据、收费数据、气象数据等。通信技术、传感器技术及智能手机的发展，使得交通系统中采集的数据量成百上千倍地增长，但获取成本却大大下降。智能交通系统名副其实地成为具有大数据特征的系统。

2）交通大数据传输

宽带移动通信和专用短程通信（DSRC）的技术成熟和应用成本下降，使得 ITS 中的智能终端、车辆、基础设施之间能够实现低成本和高可靠的互联，参与交通的人、车辆、设施成为宽带网中可以相互交换信息和相互作用的单元。对于互联网数据的获取，带有全球定位系统芯片的智能手机和车辆在使用交通信息服务系统时，自己也成为交通信息的提供者。智能手机和车载设备的定位数据直接传送到汽车服务商或信息服务商的信息中心。

3）交通大数据分析处理与云计算

随着汽车智能化程度的日益提升，大数据为在交通分析中应用复杂性理论创造了重要条件，且只有充分地与复杂性结合在一起，才能有效地发挥大数据所创造的技术优势。针对研究应用于实践所存在的复杂关联，从系统整体性角度出发，利用大数据所提供的多角度、多层次、连续性观察的能力，通过“涌现”“混沌”等技术概念，发现系统内在的规律性，再与“混沌控制”等复杂系统调控方法相结合，寻找实现城市交通可持续发展的路径。针对交通运输行业数据信息量大、信息实时处理要求性高、数据共享的高可用性以及高稳定性等需求，需要通过云计算技术搭建统一的数据处理平台，实现数据信息的共享与协同，并通过大数据挖掘技术实现对海量多源交通信息数据的动态、实时处理。

4）基于移动互联的交通智能精细化服务

基于大数据观察城市交通中新结构、新模式等方面的涌现，是一种连续考察若干并列概念的数量关系格局及其变化，以及找出这若干并列概念相互影响、共同变化的规律性的思维过程。包括交通规划与城市规划之间的“战略性对话”、交通需求管理的“精准化调控”、公共交通的“精细化服务”、道路交通网络状态的“精明化管控”、综合交通的“一体化整合”，以及面向公众的“定制化沟通”等。在智慧交通系统中，通过人工智能技术的应用，可将社会活动、社会网络等数据，基于社会计算、内容计算、群体智慧等技术，反馈与交通状况，从而为交通线路的出行等提供参考支持，可以更加准确地描述交通系统，更加有针对性地为出行者提供个性化服务，更加高效地应对突发事件。随着移动互联网的应用的增多，目前出现了滴滴打车等招车软件，以及定制化公交等服务，人们的出行模式在逐渐发生着变化。如果未来自动驾驶汽车得到普及，将成为人们实现出行的重要方式，这样停车难的问题也能迎刃而解。

2. 交通前沿技术关系架构

参照物联网的体系架构，对交通前沿技术整体框架设计的核心技术进行归纳和梳理，得到一个完整的交通前沿技术整体框架体系的模型。其中海量交通元数据信息的感知、采集和传输是交通前沿技术整体框架的基础，计算与实时处理是交通前沿技术整体框架的核心支撑，服务和应用则是交通前沿技术整体框架的最终价值体现。

网络层由各种私有网络、互联网、移动通信网、网络管理系统等组成，其主要功能是负责采集数据和服务数据无处不在的双向传输。云计算平台作为应用层的支撑平台，主要负责数据信息的汇集整合，并根据不同业务需求提供弹性处理能力，进行各种实时/离线的数据分析处理，生成各业务系统的服务数据。

应用层是交通前沿技术框架和用户（包括人、组织和其他系统）的接口，它与行业需求结合，利用云计算平台提供的各种服务数据实现行业监管、政府决策、应急处置、公众服务等应用，并最终实现“智慧交通”。

从交通前沿技术整体框架的功能和本质上看，其关键点在于有机集成海量交通信息数据的采集、传输、处理和服务过程，并对各交通要素实施智能化的控制，进而提供车载信息服务（TSP）、车载互联网应用等应用服务，实现“智慧交通”的发展目标。其中，海量数据的分析、处理是重点和难点，而云计算技术的弹性处理能力为其提供了必要的技术支撑。

1.6 交通前沿技术的自我发展（展望）

数字城市与物联网的集成，使数字城市向智慧城市发展，而物联网将进一步促进城市组成要素信息的信息采集和控制的智能化，构建智能环境，从而使城市的数字神经网络系统得到全面发展，使城市系统的行为智能化。智慧交通系统是智慧城市建设的主体部分。智能交通系统是基于现代电子信息技术面向交通运输的服务系统，而智慧交通系统则是智能交通系统的智慧化。在智慧交通系统中，综合考虑了实时交通数据、历史交通数据、气象数据、社会媒体及活动数据、传感器数据等，通过轨迹挖掘、交通决策分析等，提供便捷出行。因此，智能交通系统是智慧交通系统的基础，智慧交通系统是智能交通系统发展的下个阶段。

“十三五”期间，随着云计算、大数据、移动互联网、社交网络媒体等新兴技术的发展，其在智慧交通行业中的应用将更加普及，“全息交通”将应运而生。“全息交通”是钟志华院士在互联网、物联网技术及其应用飞速发展、普及的大背景下于 2011 年首次提出的概念[19]，是指借助移动互联网、云计算、大数据、宽带无线移动通信、车联网等先进技术和理念，用互联网思维和技术对传统智能交通系统进行重构和再造，实现交通系统中人、车、路、环境以及交通管理/服务机构之间的信息以前所未有的广度、深度与速度进行交互与共享。个体交通要素是整个信息网络的一处数据采集点，通过每一处采集点则可以感知全景交通信息环境，从而形成“线上和线下互动、需求和资源匹配、管理和服务共融”的开放互联的交通新业态、新模式，满足移动互联网时代背景下社会公众一站式出行服务和个体车辆精准化交通管控需求。全息交通也逐渐成为智慧交通的中枢和内核，为智慧交通的发展提供重要的支撑。

杭州市积极支持云计算、大数据等网络信息技术和产业加快发展，着力推动网络信息技术在民生保障、城市治理等领域的应用，全面建设“云上杭州”“智慧城市”，加快打造具有全球影响力的“互联网”创新创业中心。交通便是城市大脑的第一个试水领域。

通过获取杭州的交通大数据，从道路、桥梁、路段、路网到当前的交通状况以及人群的流动走向，整个城市交通状况可以通过视频、基站，甚至各种手机信息获得。在此基础上，对这些信息进行实时分析，识别其中的对象，包括机动车、非机动车、行人以及周围建筑或植被等，同时也能分析出每一辆机动车或每个行人当前运动的方向以及速度或轨迹。对整个杭州交通运营状况通过各种数据做成各种维度，并全部变成标准化，再通过云计算，用数据大脑建立模型，城市数据大脑的内核采用阿里云 ET 人工智能技术，它可以让数据帮助城市来做思考和决策，即机器去替代人决策，替代交通民警的决策，变成城市决策数据，从而将杭州打造成一座能够自我调节、与人类良性互动的城市。

思考题

1. 众多交通前沿技术的未来发展方向在哪?
2. 众多交通前沿技术的潜在突破点在哪?

参考文献

[1] 梁军, 黄骞. 从数字城市到智慧城市的技术发展机遇与挑战[J]. 地理信息世界, 2013, 11(1): 81-86.

[2] 王少华, 卢浩, 黄骞, 等. 智慧交通系统关键技术研究[J]. 测绘与空间地理信息, 2013, (z1): 88-91.

[3] Liu V Y, Yu Z. Wireless sensor networks for internet of things: a systematic review and classification [J]. Information Technology Journal, 2013, 12(16): 3581-3585.

[4] 胡永利, 孙艳丰, 尹宝才. 物联网信息感知与交互技术[J]. 计算机学报, 2012, 35(6): 1147-1163.

[5] 王笑京. 新一代智能交通系统的技术特点和发展建议[J]. 工程研究——跨学科视野中的工程, 2014, (1): 37-42.

[6] 钱志鸿, 王义君. 面向物联网的无线传感器网络综述[J]. 电子与信息学报, 2013, 35(1): 215-227.

[7] 朱铨, 蒋新华, 邹复民. 交通干线无线宽带覆盖网络传输性能研究[J]. 计算机工程与应用, 2012, 48(9): 15-17.

[8] Behl A, Behl K. An analysis of cloud computing security issues [C]//2012 World Congress on Information and Communication Technologies(WICT). Trivandrum: IEEE, 2012: 109 -114.

[9] Tsai C-W, Lai C F, Chiang M C, et al. Data mining for internet of things: a survey[J]. IEEE Communications Surveys and Tutorials, 2014, 16(1): 77-97.

[10] Zhang X M, Song W, Liu L M. An implementation approach to store GIS spatial data on NoSQL database[C]//2014 22nd International Conference on Geoinformatics(GeoInformatics). Kaohsiung: IEEE, 2014: 1-5.

[11] 邓维, 刘方明, 金海, 等. 云计算数据中心的新能源应用: 研究现状与趋势[J]. 计算机学报, 2013, 36(3): 582-598.

[12] 徐翔, 邹复民, 廖律超, 等. 基于 GemFire 的海量数据计算性能实验分析[J]. 计算机应用, 2013, 33(1): 226-229.

[13] Han J, E H H, Le G, et al. Survey on NoSQL database[C]//2011 6th International Conference on Pervasive Computing and Applications(ICPCA). Port Elizabeth: IEEE, 2011: 363-366.

[14] Iwazume M, Iwase T, Tanaka K, et al. Big data in memory: benchimarking in memory database using the distributed key value store for machine to machine communication[C]// 2014 15th IEEE/ACIS International Conference on Software Engineering, Artificial Intelligence,

Networking and Parallel /Distributed Computing(SNPD). Sanya, China: IEEE, 2014: 1-7.

[15] 周傲英，杨彬，金澈清，等. 基于位置的服务：架构与进展[J]. 计算机学报，2011，34(7): 1155-1171.

[16] Abbas F, Hussain R, Sun J, et al. Privacy preserving cloud-based computing platform(PPCCP) for using location based services [C]//2013 IEEE/ACM 6th International Conference on Utility and Cloud Computing(UCC). Dresden: IEEE, 2013: 60-66.

[17] 张亚东. 无人驾驶智能车动态目标检测与跟踪[D]. 大连：大连理工大学, 2011.

[18] 公安部交通管理局. 中国道路交通事故统计年报[R]. 北京：公安部交通管理局, 2013.

[19] 王少飞，刘良伟，谯志，等. 全息交通顶层设计研究[J]. 中国交通信息化, 2016, (S1): 10-14.

第 2 章　智能运输系统

2.1　智能运输系统内涵及素质要求

日本、美国和西欧等发达国家为了解决共同所面临的交通问题，竞相投入大量资金和人力，开始大规模地进行道路交通运输智能化的研究试验。起初进行的是道路功能和车辆智能化的研究。随着研究的不断深入，系统功能扩展到道路交通运输的全过程及其有关服务部门，发展成为带动整个道路交通运输现代化的智能运输系统（intelligent transportation system, ITS）。智能运输系统是当代信息社会的产物，它的产生极大地提高了人们的出行效率和安全性，也提高了社会效益。

关于智能运输系统的准确定义，这是一个引起广泛争论的话题。美国、欧盟、日本及我国的理解都不相同，每个国家内部各方专家的理解也不相同，目前出现的定义和观点有很多。这一方面是由于各国在研究 ITS 的时候出发点不同，对 ITS 的理解各异；另一方面是由于 ITS 本身是一系列新兴的技术集成和服务形式，并且正处于快速发展的时期，其内涵和外延都在不断变化和发展中。

智能运输系统广义上说也是一种人工智能系统，是用交通类的传感器，带有交通知识的 CPU 和能执行交通功能的执行机构模拟人的五官、大脑和四肢，达到交通智能化的目的[1]。

2.1.1　智能运输系统的内涵

1. 智能运输系统的定义

目前一些国家和地区对 ITS 已经给出了定义，美国、欧洲、日本和中国对 ITS 的定义如下。

美国对 ITS 的定义：ITS 包括广泛的以无线和有线通信为基础的信息、电子技术。当这些技术集成到运输系统基础设施和车内后，可以减缓交通拥堵，提高行车的安全性和增强美国的生产力[2]。

欧洲对 ITS 的定义：ITS 是信息和通信技术与交通基础设施、车辆和用户的集成。通过共享交通信息，ITS 使得人们在公路网的出行中获得更高的安全性和对环境产生更小的影响；同时，出行者、车辆和基础设施之间自由地进行信息交换，可以最大限度地利用交通网络的通行能力。

日本对 ITS 的定义：ITS 提供了诸如交通事故、交通拥挤以及环境污染等一系列交通问题的基本解决方案。在解决上述问题时，ITS 应用了最先进的通信和控制技术，在人、路、车之间传递信息。在创造一个良好的交通环境的同时，ITS 可以减少交通事故和拥堵，节省能源和保护环境。从应用范围来看，ITS 不仅仅需要公路智能化，同时也需要铁路、航空、水运等其他交通方式的智能化。

中国 ITS 体系框架研究报告中对 ITS 给出了如下定义：在较完善的基础设施（包括道路、港口、机场和通信等）之上，将先进的信息技术、通信技术、控制技术、传感技术和系统综合技术有效地集成，并应用于地面运输系统，从而建立起大范围内发挥作用的，实时、准确、高效的运输系统。

结合以上定义，ITS 可进一步定义为：ITS 是交通运输领域内各种现代高科技技术应用组成的一个统称。凡是应用现代高新科学技术手段，以改善交通运输状况、缓解各种交通问题为目的而实施的技术应用系统，都可纳入 ITS 范畴。

2. 智能运输系统的服务领域

智能运输系统的服务领域为：先进的交通管理系统、先进的出行信息服务系统、商用车管理系统、电子收费系统、先进的公共交通系统、应急管理系统、先进的车辆控制系统。

先进的出行信息服务系统（advanced traveler information system, ATIS）：先进的出行者信息系统是建立在完善的信息网络基础上的，利用交通信息采集设备以及人工采集方式获得各种交通信息，并通过传输设备传送到交通信息中心；交通信息中心得到这些信息后经过处理，实时向交通参与者提供道路交通信息、公共交通信息、换乘信息、停车信息、气象信息等；出行者可以根据这些信息确定自己的出行方式、选择路径[3]。

先进的交通管理系统（advanced traffic information system, ATMS）：先进的交通管理系统面向交通管理者，通过对交通运输系统中的交通状况、交通事故、天气状况、交通环境等进行实时的数据采集和分析，对交通进行管理和控制[4]。

3. 智能运输系统的应用范围

智能运输系统的应用范围主要有先进的公共交通系统（APTS）、先进的车辆控制系统（AVCS）、商用车管理系统（CVMS）、电子收费系统（ETC）、紧急事件管理与救援系统（EMS）。

先进的公共交通系统（advanced public trasportation system, APTS）：先进的公共交通系统主要用来收集公共交通实时运行状况，实施公共交通优先通行措施。此外，通过向公共交通经营者提供基础数据，强化经营管理效率；通过向公共交通的使用者提供公共交通信息，提高公共交通利用率[5]。

先进的车辆控制系统（advanced vehicle control system, AVCS）：先进的车辆控制系统利用先进的传感、通信和自动控制技术，为驾驶员提供各种形式的驾驶安全保障措施。系统具有对障碍物的自动识别和报警、自动转向、保持行驶安全距离、自动避撞等功能，并且目前还在不断努力研究开发车辆全自动驾驶功能。

商用车管理系统（CVMS）：商用车管理系统通过接收各种交通信息，对商用车辆进行合理调度，包括对驾驶员提供路况信息、道路构造物（桥梁、隧道）信息、限速、危险路段信息等辅助驾驶员驾驶车辆；特别是对危险品运输车辆提供全程跟踪监控、危险情况自动报警、自动求救等服务。

电子收费系统（electronic toll collection, ETC）：电子收费系统通过与安装在车辆上的电子卡或电子标签进行通信，实现计算机自动收取道路通行费、运输费和停车费等，以减少使用现金带来的延误，提高道路通行能力和效率；同时，电子收费系统自动统计的车辆数，可以作为交通信息的一种来源加以利用[6]。

紧急事件管理与救援系统（emergency management system, EMS）：紧急事件管理与救援系统主要利用多种技术手段对突发交通事件进行管理和救援，包括处理预案的生成、救援车辆的调度、现场处理与交通调度、事后恢复等[7]。

2.1.2　智能运输系统的技术领域

ITS 的研究对象是交通问题，但 ITS 研究开发所利用的工具不仅仅是传统的交通工程理论，还包括所有相关的高新技术，这些技术成为 ITS 中应用的关键技术。各相关专业共同构成了 ITS 的专业技术基础，因此 ITS 具有多学科交叉的特点，ITS 的研究开发需要各个相关专业人士的加盟，涉及的相关专业技术包括计算机技术、通信技术、信息技术、多媒体技术、传感器与控制技术等。

1. 计算机技术

智能运输系统可以有效运行的关键因素之一是实现广泛的信息交换与共享，信息需要采集、传输、处理、存储和发布，而计算机在信息存储、信息处理等方面起着重要作用。利用计算机数据库技术可以建立有关领域的数据库、知识库和方法库，利用计算机数据处理软件处理各类信息，进而建立各类信息系统。ITS 中大量的信息、交换需要依靠计算机网络加以实施。目前，在智能运输系统广泛应用的管理信息系统（management information system, MIS）、决策支持系统（decision support system, DSS）、地理信息系统（geographic information system, GIS）等无一不是以计算机技术为基础的。

2. 通信技术

在 ITS 中，通信技术是极其重要的共用技术，是信息传输的媒介。它能保证在信息采集、信息加工处理、信息反馈、信息发布的一系列环节中准确快速地传递信息。因此，多种通信方式、通信技术都可以应用于智能运输系统。

在 ITS 中主要应用无线通信和有线通信两种方式，应用的无线通信技术主要有全球移动通信系统（global system for mobile communication，GSM）、码分多址技术（code division multiple access，CDMA）、蜂窝式数字分组数据（cellular digital packet data，CDPD）等陆基移动通信技术及卫星通信技术；有线通信技术有 Internet、综合业务数字网（integrated services digital network，ISDN）、异步传输模式（asynchronous transfer mode，ATM）、光纤分布式数据接口（fiber distributed data interface，FDDI）等。

3. 信息技术

研究信息提取、信息变换、信息存储的理论称为信息论。信息需要通过载体才可以真正实现信息流动，而对各类信息进行加工处理后才能应用于各个领域。ITS 的核心是交通的信息化，在智能运输系统中各类信息系统的重要作用不言而喻。例如，利用管理信息系统（MIS）对道路信息、交通状态信息、交通管制信息和交通事故信息加以管理和控制；应用决策支持系统（DSS），利用各种城市路网信息、地名信息、公安业务信息等静态信息和报警信息、交通路况信息、超前控制的决策信息等动态信息，对城市道路交通实施超前计划与控制。

其他应用还有全球定位系统（GPS）和地理信息系统（GIS）。GPS 主要应用于车辆调度、目标跟踪、车辆导航和动态交通流数据的采集（对装有 GPS 的车辆进行跟车法调查，可得到交通流速、流向等时空信息）等领域。GIS 可以应用于交通地理信息的可视化管理、交通地理信息的动态显示等，还可以用来开发用于车辆定位与导航系统、交通监控系统、交通控制指挥系统、公交智能化调度系统和综合物流系统等的专用电子地图。

4. 多媒体技术

多媒体技术是通过计算机、电视、通信等技术结合实现的，它将信息以文字、声音、图像等多种方式呈现出来。与 ITS 相关的多媒体技术主要有多媒体图像采集技术、多媒体图像数据压缩技术、多媒体通信技术等，广泛应用于 ITS 中的现代交通监控系统、智能化的电子收费系统、违章识别管理系统、车型分类、车牌号识别等多个领域中。

5. 传感器与控制技术

交通检测、监视和控制是提高交通运输系统运行效率，提高交通安全水平的有效手段。能有效、准确地检测实时交通状态的各类传感器是检测与监控的前提。在ITS中广泛应用高灵敏度、高精度的智能化、集成化的新型传感器，可以改善交通检测与监控的有效程度，提高运行效率。

ITS还将广泛应用变结构控制、模糊控制、神经元网络控制等自动控制新技术进行交通管理与控制，采用动态实时控制，与交通量动态预报相结合，更加有效地提高道路通行能力和服务水平。建立分布式集散控制系统对高速公路实施以匝道控制、主线控制、走廊控制和网络控制多种方式的集成控制策略，对城市道路实施绿波或区域性优化控制，以改善高速公路和城市道路的交通状况，减少拥堵，降低事故发生率。

2.2 智能运输系统（ITS）发展概况

目前，国际智能运输系统（ITS）领域已经形成美国、欧洲和日本三强鼎立的局面。其他一些国家和地区的智能交通研究也已初具规模，如韩国、马来西亚、新加坡和澳大利亚等。

2.2.1 美国智能运输系统（ITS）发展概况

美国从1991年的《陆上综合运输效率化法案》（简称ISTEA）到1998年的《面向21世纪的运输平衡法案》（简称TEA-21），ITS的发展重点由ITS研究开发转移为ITS基础设施实施和集成。这是对美国ITS发展具有划时代意义的两部法案。从立法的高度，统一规划美国ITS的发展，制订投资计划。

继TEA-21颁布后发布的《美国五年ITS项目计划(1999—2003年)》(*National Intelligent Transportation System Program Plan: Five-Year Horizon*）即将到期时，美国交通部要求美国智能交通协会ITSAMER-ICA组织制定《美国十年ITS项目计划》（*National Intelligent Transportation System Program Plan: a Ten-Year Vision*）。该计划的终稿于2002年1月发布[8]。该计划展望了ITS的发展蓝图，制定了美国ITS的确切目标：在ITS的主题领域（技术领域——综合交通信息网络，先进的车辆防撞技术，自动车辆碰撞和事故探测、通知和反应，先进的交通管理；环境领域——交通系统管理与运营环境、政府部门的角色定位、相互关系和投资，广泛实施私有企业产品的联邦政策和行动计划），分析ITS的状况、发展机遇、效益和挑战，提出应开展的行动。对主要的ITS参与者（政府部门、私有企业、大学）

发出了行动号召。

在公共资金投入方面，自 1991 年《陆上综合运输效率化法案》立法规定美国政府必须投入资金资助 ITS 研究开发以来，美国政府连年拨款资助 ITS 发展。同时也反映出美国希望在 ITS 领域保持主导地位的决心，因为在 ITS 研究领域占领先地位将意味着在 ITS 市场中取得主动权，同时意味着获得高的效益回报。1991~1997 年美国政府各年 ITS 项目资助金 7 年内总的投资达到了 13 亿美元。美国的 ITS 投资以政府投入为主，同时也在积极地引入私人资本投入的机制，希望通过创造良好的公私合作关系来降低公共资金财政负担。

在实施方面的主要 ITS 项目有 511 系统、智能化交通基础设施项目、信息化佛罗里达示范项目、“AMBER Alert”（失踪儿童搜救计划）项目、福利性交通服务协调项目和 ITS 体系框架一致协调项目；在研发方面的主要 ITS 项目有智能车辆行动（IVI）计划、地面交通天气系统项目、危险品安全运营测试项目、太平洋西北海岸电子化封印测试和车辆基础设施集成。

2004 年美国交通部启动了新一批的 ITS 项目动议，致力于改善交通安全、缓解拥堵和增强效率。所宣布的这九大项目动议是：集成化的基于车辆的安全系统，合作的交叉口防撞系统，下一代的 911 系统，面向全美公民的可达性服务，集成化的走廊管理系统，全美地面交通天气观测系统，紧急事件交通指挥，统一的货运电子载货清单系统，车辆与设施的集成。在每个项目动议中都清晰地定义了联邦政府的作用和其与公、私营部门的合作关系。

2.2.2 欧洲智能运输系统（ITS）发展概况

自 20 世纪 90 年代起，欧盟一直致力于建立联系成员国信息和通信基础设施的跨欧网络，资助研发项目解决交通基础设施网络面临的问题。欧洲需要一个能够提供快速、可靠、安全服务的综合交通网络，ITS 的开发为应用各种先进技术到欧洲公路运输、铁路运输、内陆水运、航运以及实现各种运输方式的衔接提供了机遇。由于欧洲的特殊性，欧盟意识到欧洲 ITS 的成功实施必须依赖全欧盟成员国各种层次上的协调合作。通过制定专门政策、推动重要的行动计划和保持全欧合作，欧盟正在将其 ITS 研发成果向具体的实施应用推进，向其明确的 ITS 发展目标迈进。

1. 发展过程

1969 年欧洲共同体委员会提出要在成员国之间开展交通控制电子技术的演示。从 1986 年起，西欧国家开始在“欧洲高效安全交通系统计划（PROMETHEUS）”和“保障车辆安全的欧洲道路基础设施计划（DRIVE）”

两大计划指导下开展交通运输信息化领域的研究、开发与应用。

2000 年 9 月发布的欧盟 KAREN 项目，ITS 体系框架是其中重要一部分，主要针对道路相关交通系统而言。ITS 体系框架开发采用面向过程的方法，但其目标不是提供全面的 ITS 系统构成，而是示范给创建某项 ITS 服务的体系框架所应采取的方法，以便用户根据需要进行相应体系框架的开发和扩展[9]。

2009 年欧盟委员会委托欧洲标准化机构——欧洲标准化委员会（CEN）、欧洲电工标准化委员会（CENELEC）和欧洲电信标准学会（ETSI）制定一套欧盟层面统一的标准、规格和指南来支持合作性 ITS 体系的实施和部署。CEN 和 ETSI 正式接受该委托，但 CENELEC 没有接受委托，因此没有参加相关标准的制定。2010/40 号指令要求加快了 ITS 部署，而车辆与交通基础设施的连接是优先领域。2013 年，ETSI 和 CEN/ISO 完成首版标准制定。2016 年，CEN/TC 278 将继续完成相关标准的制定工作，包括欧洲委员会提出的关于电子收费系统可操作性的标准。此外，CEN 和 CENELEC 有望在 2016 年收到欧洲委员会关于制定城市地区信息通信技术标准的要求。欧盟与美国和日本紧密合作确保该系统在全球兼容。

2011 年 3 月推出的欧盟 2020 智能交通系统（ITS）确定的三大目标：交通可持续、竞争力和节能减排，为配合这个文件，欧盟委员会于 2011 年积极制定配套措施和出台行动计划，在欧盟范围内全面部署和督促落实智能交通系统技术的研发及应用。

2012 年 6 月，欧盟提出智能交通等领域快速发展 2020 实施方案，由相关欧盟政府官员、行业协会及企业代表共同参与的磋商机制（CAR21）发表了终期报告，报告在电动汽车、道路安全、智能交通系统、市场准入以及 CO_2 排放等领域提出了快速发展的 2020 战略实施方案，从而提高欧盟汽车产业国际竞争力，为欧盟经济增长注入动力，并有效解决就业问题。

2014 年 2 月，欧洲标准化机构 ETSI 和 CEN 确认，已经根据欧盟委员会要求完成车辆信息互联基本标准的制定。该标准将确保不同企业生产的交通工具之间能够相互沟通，并能与道路基础设施沟通。据悉，欧盟投资 1.8 亿欧元用于合作交通系统的研究项目，并成功研发出该标准。

目前欧洲各国正在进行 Telematics 的全面应用开发工作，计划在全欧范围内建立专门的交通无线数据通信网。正在开发先进的出行信息服务系统（ATIS），先进的车辆控制系统（AVCS），先进的商业车辆运行系统（ACVO），先进的电子收费系统等。

2. 应用状况

目前欧洲的智能交通处在国际领先水平，至今已有相当一部分的研究成果投入到实际的应用当中。欧盟智能交通系统技术的研发及应用主要是根据欧盟交通的现状特点和发展目标，充分利用已有的信息通信技术（ICT）、计算机及互联网技术、卫星导航技术、电子及传感器技术，以及节能减排和新型推进器技术。对各项技术进行交叉整合、优化配置，从而实现旅客和货物运输的各种交通方式（公路、铁路、航空、航运和城市交通）的更有效、更安全、更清洁和更准时。

3. 投资

20 世纪 80 年代中期，欧洲 10 多个国家投资 50 多亿美元，旨在完善道路设施，提高服务水平。欧盟 1984~1998 年仅用于 ITS 共同研究开发项目的预算就达 280 亿欧元。2012 年初启动的欧洲智能城市创新伙伴关系，欧盟委员会投入 3.65 亿欧元，结合参与成员国和城市的配套资金，构建跨城市、跨行业和跨学科的创新实体，寻求综合的城市交通政策法规技术与基础设施相结合，适应性强、互操作和可实际推广应用的解决方案。在欧盟第七研发框架计划（FP7）下，欧盟委员会已投入 3.5 亿欧元支持智能交通系统的 50 个研发创新项目。

2.2.3 日本智能运输系统（ITS）发展概况

日本是世界上率先开展 ITS 研究的国家之一，在 1973 年日本通产省开始开发汽车综合控制系统（comprehensive automobile control system, CACS）时即已发起 ITS 的研发活动。

1973 年日本通产省开始开发 CACS 系统。后来，在 20 世纪 80 年代，建设省主导开发路车通信系统（road/automoible communication system, RACS），警视厅主导开发先进的汽车交通信息通信系统（advanced mobile traffic information and communication system, AMTICS）。1991 年警视厅、邮政省、建设省集成 RACS 和 AMTICS 开始了车辆信息通信系统（vehicle information and communication system, VICS）项目，警视厅、邮政省、建设省、运输省主导的 UTMS 也在 1991 年启动，SSVS、ASV、ARTS 一齐推进[10]。之后日本一直在加速 ITS 实际应用进程，积极地推动诸如 VICS、ETC 等系统的实际应用，促进自动驾驶公路系统的研发。四省一厅还不断支持 ITS 区域性示范项目，这是通过支持地方政府与 VERTIS 共同开展的区域 ITS 示范实验项目，并将项目的经验向其他地方政府推广实现的。同时，私有公司还开始开发各种 ITS 产品，如通过手机接收信息的车辆导航系统、通过雷达维持车辆间合适距离的系统等。

在 1996 年的《推进 ITS 总体构想》中日本制定了 ITS 九个领域的时间进程表，到目前为止，日本 ITS 的实施基本上是按上述进程表如期进行的。早期的实施活动始于 1996 年 4 月发起的 VICS 服务。ETC 系统的实施则是从 2001 年 3 月开始的。

目前 VICS 系统已进入国家范围内的实施阶段，正以突飞猛进的速度扩展，成为世界上较为成功的交通信息系统之一。2002 年 4 月，日本售出 920 多万套车内导航系统，VCIS 车内设施已售出约 449 万套。2016 年日本 ETC 占收费比例已经超过 90%，OBU 的安装率超过 60%，而且大多已解决电源问题，可作更多的扩展。日本已经开始了 ETC 2.0 的计划，会进一步增加路侧单元的建设，通过路侧单元与车载 OBU 的通信，给车主推送更实时的信息，同时也采集更多的路况信息。

先进的自动公路系统（advanced cruise-assist highwag system,AHS）将进一步实验演示并朝着实用阶段迈进。日本定义其 AHS 系统支持七项服务：防止与前方障碍物碰撞、防止弯道处事故、防止车道偏离、防止交叉口碰撞、防止右转弯碰撞、防止与过人行横道的行人碰撞、提供保持车距等服务的道路路况信息。针对这七项服务，日本国土与基础设施管理研究中心于 2000 年 7 月至 2001 年 3 月在其试验场 6km 的车道上进行了大规模的最新 AHS 研究成果的测试“Smart Criuse21”。通过邀请一般的驾驶员参与测试，进行了 3950 次试验。测试结果表明，AHS 的七种服务能够有效地预防事故的发生。随后，日本还打算在实际道路上进行测试以推动 AHS 的实用化进程。

近些年日本 ITS 的领域也在扩展，日本希望 ITS 成为促进国内经济发展、实现 e-Japan 的驱动力。

2.2.4　中国智能运输系统（ITS）发展概况

国内的 ITS 发展可以分为前期阶段、发展阶段、成熟阶段三个阶段[11]。

（1）前期阶段——主要以缓解交通需求矛盾，提高交通通行能力为目标。

典型的技术措施包括主干道路网（含高速公路、快速路）实施交通监控，完善道路网功能；收费道路实施电子化收费；主要道口实施信号灯优化配时及多相位信号控制；实施电子抓拍和电视监视；实施公交优先道路及优先信号；公交线路智能调度系统及信息服务系统建设；交通行业集成通信系统建设等。

（2）发展阶段——主要在综合信息网络平台下，形成信息管理、信息通信、信息服务子系统，实现交通信息双向交互，实施交通指挥、控制，以减少堵塞时间、降低交通事故、方便出行及保护环境。

该阶段的主要技术措施包括城市信息管理系统、道路交通信息通信系统、网络环境下的电子收费系统等。该阶段的标志是开始行业应用大系统的建设，信息得到较为充分的整合。

（3）成熟阶段——以 ITS 的发展推动社会信息化的进程，创立新产业，开拓新市场。

该阶段的主要技术措施包括：在城市综合交通实现规划、管理、运营智能化的基础上，逐步实现全国各交通方式的综合运输规划、管理运营智能化；城市交通结构趋于合理，公交运量占较大比重；完成车辆之间的通信系统；成批生产电动汽车、环保车辆及智能车辆。该阶段的特征是全面建立社会化智能交通信息服务系统，形成ITS新产业。

目前，我国的智能交通系统已从探索进入到实际开发和应用阶段。在城市发展方面，近年来，在智慧城市建设的推动下，随着城市化和信息技术的发展，智能交通建设项目数量逐年增加，行业迈入持续增长快车道。2014年，城市智能交通市场规模达到246亿元，2010~2014年复合增长率为24%。2015年上半年，城市智能交通项目数量合计3773项，同比增长48%，市场需求旺盛，城市智能交通市场规模合计达110.2亿元，同比增长19%。项目数量增长速度大于市场规模增长速度，更多城市提出了智能交通建设需求。在高速公路方面，截至2017年2月底，全国29个联网省份（西藏、海南除外）累计建成ETC专用车道14 285条，县（区）级已全部覆盖，ETC用户数突破4767.44万。在民航和铁路方面，智能化建设已经形成完善的体系。

我国的智能交通研究开始于20世纪70年代末，首先是在北京、上海和广州等大城市交通信号控制的研究与开发。80年代后期，我国开始了ITS基础性的研究和开发工作，包括优化道路交通管理、交通信号采集、驾驶员考试系统、车辆动态识别等；90年代开始建设交通控制中心或交通指挥中心，并开展了驾驶员信号系统、城市交通管理的诱导技术等方面研究。目前我国已经建立并且开始应用的智能运输系统包括十几个方面的内容。

近年来，我国的ITS研究、开发及应用都取得了显著成果，例如上海城市交通各部门在应用ITS高科技技术方面取得了很大的成绩。各部门根据自身的特点，研究开发了许多科技成果用于交通领域中，如道路交通流量的实时自动采集技术、交通管理的SCATS系统、高速公路联网收费系统，以及公共交通的智能管理系统等，都为交通规划在ITS技术方面的全面应用奠定了基础。

2.3 智能运输系统（ITS）结构

智能运输系统结构主要由三层组成，分别为应用层、网络层、感知层。具体组成如图2-1所示。

同时一般智能交通运输系统主要由1个数据中心、4个应用平台、15个应用系统组成。如图2-2所示。

图 2-1　智能运输系统三个层次

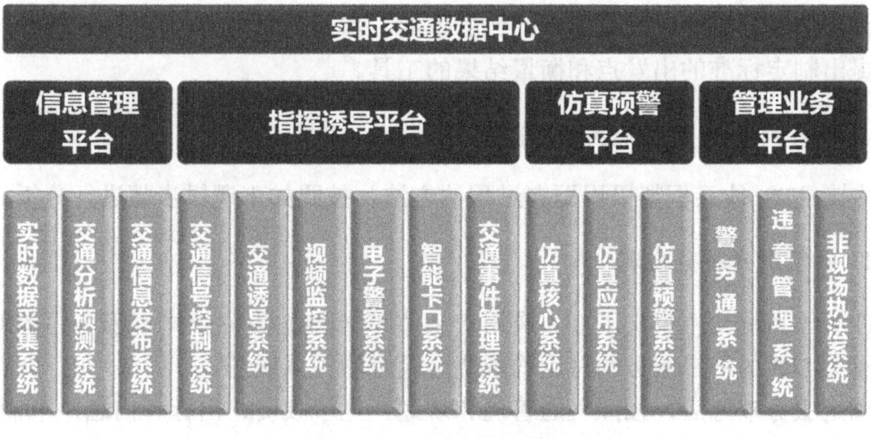

图 2-2　智能运输系统组成

2.3.1　中国 ITS 体系框架概述

在中国交通运输领域中，ITS 是一个提供交通运输服务的系统，ITS 体系框架是一个提供服务的功能性框架，用户服务是 ITS 的主线。中国 ITS 体系框架主要是由用户主体、服务主体、用户服务、系统功能、逻辑框架、物理框架等部分组成。表 2-1 所示为中国 ITS 体系框架的主要组成部分和服务的关系。

表 2-1　ITS 体系框架各组成部分与服务关系

组成部分名称	作用
用户主体	谁将是被服务的对象，明确了服务中的一方
服务主体	谁将提供服务，明确服务中的另一方，它与用户主体和特定的用户服务组成了系统基本的运行方式
用户服务	明确系统能提供什么样的服务
系统功能	将服务转化成系统特定的目标
逻辑框架	服务的组织化
物理框架	服务怎样具体提供
ITS 标准和经济技术评价	其他经济因素

ITS 体系框架决定了系统如何构成，确定了功能模块以及模块之间的通信协议和接口，是包含实现用户服务功能的全部子系统的设计。通过集成若干 ITS 子系统的功能可以实现一个或多个用户服务功能。体系框架不是一个简单的设计文档，也不是一个技术性的说明，更不是 ITS 本身的研究发展过程，而是一个贯穿于 ITS 体系结构和标准研究制定过程的指导性框架，它提供了一个检查系统构成和标准的遗漏、重叠以及是否不一致的依据。基于逻辑框架和物理框架的标准需求，提出制定标准的出发点和衡量结果的工具。

2.3.2　中国 ITS 体系框架的分析逻辑

中国 ITS 体系框架采用面向过程的方法，按照如下逻辑步骤进行分析。

1. *确定用户服务内容*

ITS 体系框架中定义了 6 大类用户主体和 9 大类服务主体，即服务中的双方，所有有关 ITS 的用户服务的讨论均围绕这两者的关系展开。

确定服务双方后，按照交通管理和规划、电子收费、出行者信息、车辆安全与辅助驾驶、紧急事件与安全、运营管理、自动公路、综合运输八个服务领域，提出 34 项用户服务、138 项子用户服务。

2. *建立逻辑框架*

该部分从分析用户服务入手，首先确定系统应该具有的主要功能，并将功能划分成系统功能、过程、子过程等几个层次；其次，分析 ITS 的逻辑结构和各个功能之间的交互关系；再次，明确功能和过程之间交互的主要信息，并以数据流的形式对交互信息进行定义。

3. 建立物理框架

物理框架首先从物理系统的角度分析实际 ITS 系统应该具有的结构，并按照系统、子系统、模块等层次对系统进行结构分析；其次，分析 ITS 物理系统之间交互的信息，并以框架流形式对比信息进行定义；再次，物理框架中还明确了系统对系统功能的实现关系和框架流对数据流的包含关系，从而反映物理框架和逻辑框架的关系。

4. 明确 ITS 标准化内容

确定与 ITS 相关的技术标准、 ITS 相关的设备接口标准、 ITS 各子系统之间的接口标准等。 ITS 标准是建立一个开放的 ITS 环境的基础，这个环境用来实现具体的目标。标准便于在不同地区实施可以相互兼容的系统，而不需要限制由于技术进步和新方法的发展带来的变革。

2.4 智能运输系统（ITS）示例

2.4.1 美国洛杉矶智能运输系统示例

1. 洛杉矶市自动交通监测和控制中心

洛杉矶市自动交通监测和控制中心（ATSAC）于 1984 年的奥运会之前开始兴建，最初只限于奥运会主会场——洛杉矶纪念体育场地区，后来逐步扩展到全市[12]。

根据资料显示，洛杉矶的 ATSAC 控制 2449 个有信号灯控制的交叉口。整个洛杉矶市有 4285 个有信号灯控制的交叉口，而 ATSAC 控制了其中的 57%。

在 ATSAC 内，计算机交通控制系统监控全市的交通状况和系统性能。道路上埋设的感应圈可以监测车辆的通过、车速、流量，并且每秒钟修改数据。除此之外，全市大约还安装了 150 个闭路电视摄像机。

ATSAC 可以有效地管理车流量，减少时间耽误，并且通过增加软件来扩充系统，对其他交通工具，例如轻轨铁路进行监控。ATSAC 的技术发展是建造自适应车流控制系统（ATCS），可以根据流量大小来调整信号时相，使得道路通行能力得到最有效的利用，从而改善车流速度。

ATSAC 是一个获得全国交通奖项的自动车辆监测和控制系统。这个系统已经带来了明显的交通效益。同传统的交通信号控制技术相比，ATSAC 系统平均减少出行者 12%的出行时间、32%的交叉口耽误和 30%的交叉口不必要停车，因此交通效果十分明显。

2. 洛杉矶市公共汽车信号优先技术

洛杉矶市公共汽车信号优先技术是应用智能交通运输系统（ITS）技术来提高公共汽车运行速度，使得公共汽车更加准时并提高其运行效率。主要的方法是对交叉口的晚点公共汽车在红灯时提前给予绿灯，同时对正在交叉口内行驶的晚点公共汽车延长绿灯时间使其有足够的时间来通过交叉口。一般来说，对于准点的公共汽车就不必给予信号优先。公共汽车信号优先技术的关键是要确保公共汽车和交叉口信号机之间有无线通信。

公共汽车信号优先过程包括四个阶段：

第一阶段，确定公共汽车位置。确定公共汽车到达的地点，以确定交叉口是否要进行信号优先。这一功能也提供位置数据给公共汽车上的处理器以确定汽车是否晚点。

第二阶段，公共汽车向交叉口的信号机提出信号优先请求。由公共汽车上的处理器来执行，对汽车到达设定点后是否要提供信号优先作出决定。

第三阶段，交叉口的信号机同意公共汽车提出的信号优先请求。是否给予信号优先取决于许多因素，例如，一天的时间里，手工强行使信号灯变绿的可能性，当地的交通状况，信号机的状况。这一过程一般在交叉口执行，但有时也可能要由市交通局的公共交通规划管理人员同意公共汽车提出的信号优先请求。

第四阶段，实施信号优先。根据公共汽车和前方交叉口的相对位置，通过信号机调整信号时间，使得信号灯提前变绿灯，或延长绿灯时间，以便公共汽车能够顺利地通过前方的交叉口。

2.4.2 日本东京智能运输系统示例

东京的智能运输系统发展方向主要有车辆信息通信系统（VICS）、不停车收费系统（ETC）、智能诱导系统（smart cruise system，SCS，包括 Smartway、AHS 和 ASV 等）。

1. 车辆信息通信系统（VICS）

VICS 通过 GPS 导航设备、电波信标无线数据传输、FM 广播系统，将实时路况信息和交通诱导信息即时传达给交通出行者，从而使得交通更为高效便捷。该系统已覆盖全日本 80%的地区，所有高速公路及主干道均能收到 VICS 信息报道（图 2-3）。

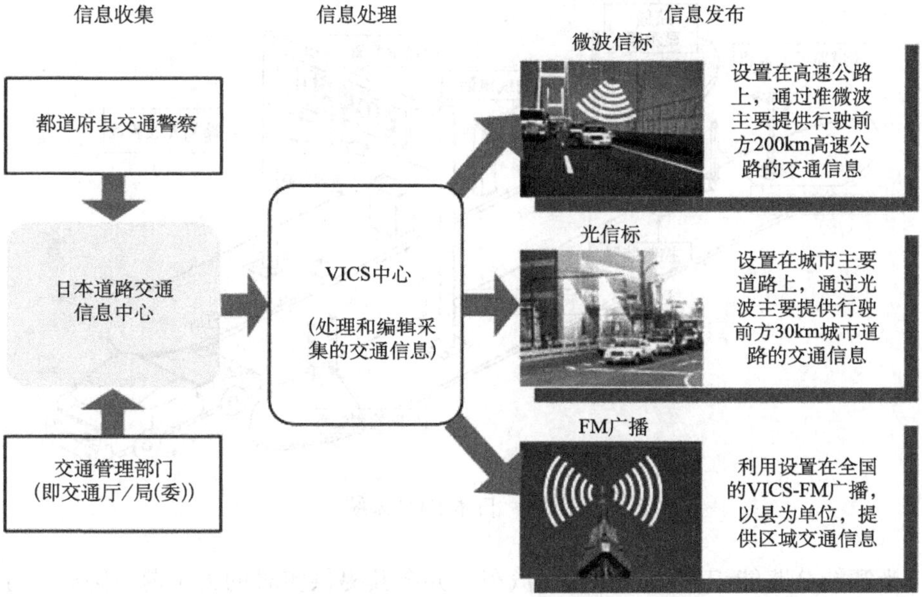

图 2-3　日本 VICS 系统

VICS 所提供的信息可以使驾驶员明确掌握各种情况，减少迷路、选择最短路线、分散交通流、顺利找到停车泊位，可使用户的驾驶情绪得以稳定，相应缩短交通所花时间，缓解交通拥堵[13]。

通过该系统用户通常可以得到三种形式的信息：文字显示、简易图形显示和地图显示。包括：广泛区域的交通堵塞信息和驾驶所需时间；广泛区域内的交通事故、道路施工以及车速、车道限制信息；停车场位置和车位空置状况信息等。

2. 不停车收费系统（ETC）

ETC 系统采用 ISO 标准，使用 5.8G 专用短程通信（DSRC）作为 ETC 的核心技术，采用电子标签+ETC（或 IC）卡的两片式技术方案（图 2-4）。电子标签主动向出道天线发送电波。电子标签用来记录车辆数据。

ETC 在日本的推广使日本堵车率大概下降至 2.8%，每年约减少 14 万 t 二氧化碳的排放。

3. AHS 与智能导航

根据“ITS 手册”，日本的智能导航系统（the smart cruise systems）由运输省和建设省联合开发。运输省积极促进了 ASV 的研发工作，而建设省则促进了 AHS 的研发。

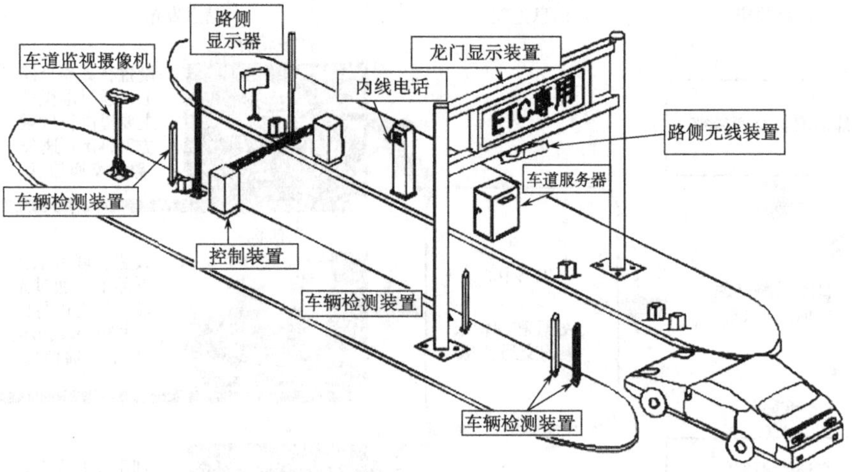

图 2-4　日本 ETC 系统

当智能公路能识别出一辆智能汽车，并向其提供实时的关于前方障碍、途经十字路口、需要在路上停车以及路面状况等信息时，智能导航可以为驾驶员提供三方面的服务功能：提供信息以帮助驾驶员作出更快的决定；错误判断的警告；辅助导航以纠正误操作[14]。

“追尾警告”是被结合到智能导航中的另一个系统，日本在 1994 年就在一条国道的某个事故易发地安装了该系统。在这个系统中，摄像头自动识别拥堵、事故以及抛锚车辆，相关信息自动显示在警示牌上提醒车辆注意可能发生的问题。有数字表明，这一系统的应用将事故数量削减了一半。

基于减少事故的考虑，一系列的服务内容已经被考虑结合到智能导航系统中。日本有关方面从 2003 年开始正式实施有关项目以避免发生下述情况：撞到前方障碍物；冲出弯道；偏离方向；侧面及正面相撞；交叉路口撞车事故。

此外，提供路面信息以保持持续的高速也是智能导航系统要提供的服务内容之一。

2.4.3　中国智能运输系统示例

目前我国的智能交通系统主要应用在城市内部交通和高速公路两个方面。

在城市内部交通方面，北京实施了“科技奥运”智能交通应用试点示范工程；上海建设了世博智能交通系统，集出行信息、智能公交、交通监控、决策支持、电子收费、应急救援等功能于一体；广州、中山、深圳、天津、重庆、济南、青岛、杭州等作为智能交通系统示范城市也在各自进行尝试。

以北京市智能交通运输系统建设为例。北京有北京市交通信息中心（Beijing

transportation information center，BTIC）和北京市交通运行监测调度中心（transportation operations coordination center，TOCC）。BTIC 主要围绕交通科技和信息化建设，实施技术管理，开展技术攻关，提供技术服务；TOCC 则围绕综合交通运输协调体系的构建，实施交通运行的监测、预测和预警，面向公众提供交通信息服务，开展多种运输方式的调度协调，提供交通行政管理和应急处置的信息保障。两中心采取一体化运行的方式开展工作，前者重建设，后者善应用。BTIC 成立于 2003 年，TOCC 成立于 2011 年，两者均是北京市交通委员会直属事业单位。

BTIC 定位于四个中心、一个平台和一个基地。四个中心分别是交通信息资源整合与服务中心，综合交通运行监测与协调中心，交通信息化应用技术研发中心和交通行业信息化统筹推进中心；一个平台是指交通信息化专业人才聚集平台；一个基地是指交通委系统人才培养储备基地。

TOCC 围绕综合交通运输协调体系构建，实施交通运行的监测、预测和预警，面向公众提供交通信息服务，开展多种运输方式的调度协调，提供交通行政管理和应急处置的信息保障。它是全国首个建成并投入实际应用的省级综合交通运行监测协调中心，是北京市综合交通运行监测协调体系的核心组成部分，实现了涵盖城市道路、高速公路、国省干线三大路网，轨道交通、地面公交、出租汽车三大市内交通方式，公路客运、铁路客运、民航客运三大城际交通方式的综合运行监测和协调联动，在综合交通的政府决策、行业监管、企业运营、百姓出行方面发挥了突出的作用。截至 2015 年，TOCC 有六千多个动态和静态的数据，有六万多闭路电视摄像头，有 26 个监控系统，分布在路面网络、地铁、公共路、机场、铁路（图 2-5）。

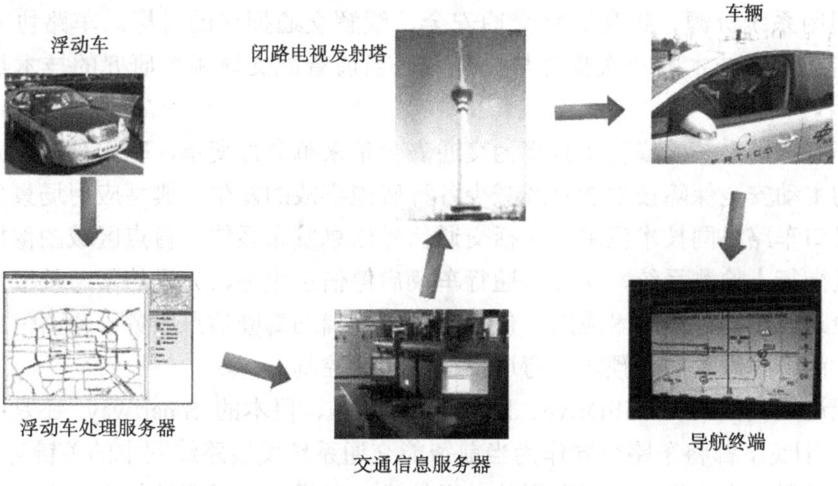

图 2-5　北京市动态交通信息服务示范平台

在高速公路方面，截至 2017 年 2 月底，ETC(不停车电子收费系统)全国联网工作方面，除海南、西藏外，全国 29 个省份实现高速公路 ETC 联网，已累计建成 ETC 专用车道 14 285 条，发展 ETC 用户 4767.44 万个。

2.5 智能运输系统（ITS）展望

ITS 已成为世界各国解决交通问题的热门技术，将是 21 世纪新的经济增长点。纵观智能运输系统以后的发展方向将是多种学科和多种技术的综合体，而目前开发出来大部分产品大多还局限于某些侧面和具体问题，这些产品发展未来将走向融合；陆路、航空、海运等多种运输方式将共同形成一个运输整体；各种传感器和传感技术将综合使用，道路的智能化和车辆智能化将合二为一，智能车辆和智能道路将互相呼应。未来智能交通系统将围绕以下 4 个方面发展，即探测与识别技术——探知行驶在道路设施上的车辆位置和速度；通信技术——提供车辆与车辆间、车辆与道路间、道路与控制中心间以及车辆与管理部门间的信息交换；计算机技术——处理交通系统运行过程中的大量数据和通信信息；算法和模型——自动控制动态运输系统。具体说来主要有：①运用车路协同提升交通安全水平；②运用信息技术提升交通管理水平；③基于信息共享实现多种运输方式协同和效能提升。

2.5.1 运用车路协同提升交通安全水平

车路协同系统是基于无线通信、传感探测等技术进行车路信息获取，通过车车、车路信息交互和共享，实现车辆和基础设施之间智能协同与配合，达到优化利用系统资源、提高道路交通安全、缓解交通拥堵的目标。车路协同是对传统智能交通技术的一次整合与提升，是当前智能交通领域研究的技术热点和前沿[15]。

车路协同系统的成功实施将为交通安全带来革命性变革，基于车路协同系统实现的主动安全保障技术能有效减少各种碰撞事故的发生。典型应用场景包括：①交叉口车路协同技术应用，包括交通信号信息发布系统、盲点区域图像提供系统、过街行人检测系统、交叉口通行车辆启停信息服务、先进的紧急救援体系；②危险路段车路协同技术应用，包括车辆安全辅助驾驶信息服务、路面信息发布系统、前方障碍物碰撞预防、弯道自适应车速控制。

无论是美国的 IntelliDrive、欧洲的 eSafety、日本的 Smartway, 还是中国的“863”计划，都将车路协同作为当前智能交通系统发展路线图中的关键环节。车路协同是引领未来智能交通发展的前沿技术，对提高交通系统的安全性和通行效率具有十分重要的作用，同时可以培育智能交通产业发展新的增长点（图 2-6）。

图 2-6　车路协同

2.5.2　运用信息技术提升交通管理水平

新型检测传感技术、高清视频技术、移动通信技术的发展，使大范围进行交通动态信息获取和交互成为可能。物联网、云计算、智慧地球等新的信息理念和技术进步，将进一步提升交通信息的处理和服务水平。低成本、高可靠性的基础交通信息获取和交互、更为先进的网络化交通信息系统的建设和服务，将是未来的发展方向。

路网方面：充分应用智能网络化新型传感器技术和新一代信息网络技术，构建国家公路交通基础设施状态感知和动态监管体系。建立公路交通基础设施、运载工具和交通运行环境的三大感知网络，实现对国家高速公路网和重要国省干线公路的可视、可测和可控，动态掌握路网的运行状态，对特大桥梁、隧道、枢纽、重点路段等关键设施实施状态感知、实时监管，为公路网的协调运行提供有效手段，并在遇到灾害和突发事件时，能够对路网实行动态调度管理和应急处置。

车辆方面：综合应用新一代通信技术、传感网络技术、电子身份识别技术、卫星定位技术、云计算技术，构建营运车辆实时状态感知网络，包括实现对集装箱运输供应链和甩挂运输的智能化、可视化监管和信息服务；实现对危险品运输车辆、农副产品运输车辆、长途客运车辆的全过程安全监管；实现面向运输企业和公众的运输信息服务以及实现多部门协调联动遏制超载超限运输。

2.5.3　基于信息共享实现多种运输方式协同和效能提升

基于信息共享实现多种运输方式协同和效能提升，是智能交通科技发展的重要趋势。以往国际上智能交通技术比较侧重于道路交通管理和服务，随着交通运输的发展和信息技术的广泛使用，建立综合交通信息的共享机制和平台，促进综合交通系统的协同服务，利用综合交通信息平台进行多种运输方式间的有效协同已经成为综合信息数据处理与集成技术的一个发展趋势。

思 考 题

1. 简述智能车路协同技术体系的发展。

2. 中国智能运输系统就目前来看是落后于美国的。与美国相比，中国智能运输系统发展的瓶颈在哪，突破口在哪?

参 考 文 献

[1] 黄卫, 路小波. 智能运输系统(ITS)概论[M]. 北京: 人民交通出版社, 2008.

[2] Spadafora W G, Paielli P M, Llewellyn D R, et al. Intelligent transportation system: U. S. Patent 7689230[P]. 2010-3-30.

[3] Yang H. Multiple equilibrium behaviors and advanced traveler information systems with endogenous market penetration[J]. Transportation Research Part B: Methodological, 1998, 32(3): 205-218.

[4] Mahmassani H S. Dynamic network traffic assignment and simulation methodology for advanced system management applications[J]. Networks and Spatial Economics, 2001, 1(3): 267-292.

[5] Zhang G H, Li M, Wang J X. Application of the advanced public transport system in cities of China and the prospect of its future development[J]. Journal of Transportation Systems Engineering and Information Technology, 2007, 7(5): 24-30.

[6] Tang W C, Van Ho T. Electronic toll collection system: U. S. Patent 7233260[P]. 2007-6-19.

[7] Haddow G, Bullock J, Coppola D P. Introduction to Emergency Management[M]. Butterworth-Heinemann, 2013.

[8] Mallik S. Intelligent transportation system[J]. International Journal of Civil Engineering Research, 2014, 5(4): 367-372.

[9] Allred K C, Freitas M, Njord J, et al. Safety applications of intelligent transportation systems in Europe and Japan[J]. European Journal of Neuroscience, 2006, 24(4): 969-980.

[10] Yamada S. The strategy and deployment plan for VICS[J]. IEEE Communications Magazine, 1996, 34(10): 94-97.

[11] 史其信. 中国智能交通系统(ITS)发展战略[J]. 道路交通与安全, 2000, (1): 19-24.

[12] Detect A, timing T S, Signal W A T, et al. ATSAC: 25 years later[J]. ITE Journal, 2011.

[13] Nishikawa M, Katagiri Y, Hirayama M. Vehicle Information and Communication System[M]. Betascript Publishing,1996.

[14] 张可. 车辆导航系统关键技术研究[D]. 北京: 北京工业大学, 2001.

[15] 陈超, 吕植勇, 付姗姗, 等. 国内外车路协同系统发展现状综述[J]. 交通信息与安全, 2011, 29(1): 102-105, 109.

第3章 智能交通管理信息平台

随着我国城市的建设快速发展和机动车保有量的急剧增加，城市交通供需矛盾日益突出，交通拥堵、交通事故、交通污染日益严重，我国城市化进程正面临着巨大的机遇和挑战，如何不断提高城市发展水平和产业竞争力，全面提升城市生活品质，解决城市发展中的交通、安全、能耗等问题，已成为关键。“智慧城市”顺应了当前全球先进城市发展演进和技术变革的时代潮流，是当今世界推进战略性新兴产业和城市信息化进程中的前沿理念，是我国新一轮城市发展与转型的客观要求，是提升城市品质和竞争力的必然途径，也是更好地保障和改善民生的重大举措。建设智能交通体系是智慧城市建设中不可或缺的重要内容之一。

3.1 引言——智慧城市

智慧城市的出现，既是这一时代偶然的现象，也是时代发展的必然。2010 年美国著名跨国公司 IBM 在“智慧地球”的基础上，首先提出“智慧城市”的概念。陆续衍生出智慧交通、智慧医疗、智慧社区、智慧建筑等概念，甚至大有言必“智慧”的趋势[1]。然而，很少人能够准确理解其真实内涵，各国学者对智慧城市的认识也是千差万别，大都未能在一个更广阔的视野和社会经济背景下认识智慧城市的本质。随着知识经济的到来，“智慧”在人们的理解中逐渐被赋予了新的内涵，“城市”同样也被赋予了新的内涵。从现有对于智慧城市的认识来看，不难发现目前对于智慧城市的定义，体现在技术和社会知识两方面，包含了几个共同的要素，即创新、知识、物联网、互联网以及云计算。其中运用得比较广泛的定义是：基于新一代信息技术营造有利于创新涌现的、生态的，实现全面感知、广泛互联、智慧融合应用的以及可持续创新的，信息化城市发展的高级阶段。这一定义比较全面地体现了智慧的技术特征，但主题不够明确、鲜明，具有一定局限性[2]。

笔者认为智慧城市的科学内涵应该是：以知识与知识资本广泛应用为特征，以互联网、物联网和云技术等新一代信息技术为手段，构建以人为本的和谐智慧环境为目标，整合城市人才、设施、资源等要素，服务于社会经济生活的新型城市。简单地说，就是基于知识产品和知识资本市场智能交换与应用的城市。

3.1.1 未来蓝图

1. 智慧城市的内涵

智慧城市的基本内涵可作如下诠释，即“SMARTER”。

（1）可持续性（sustainability）：智慧城市的信息技术可以解决水源与动力短缺、土地有限、人口膨胀、就业压力、环境污染、道路拥堵等可持续发展难题。

（2）多维架构（multidimensional architecture）：智慧城市包括很多子体系，而每一个子体系可构成一个多维度的网络。

（3）整合与优化资源配置（aggregation）：智慧城市利用先进的技术手段加上人的智慧创新，整合与优化现有的经济、文化、社会和地理等各类资源。

（4）责任（responsibility）：智慧城市各职能部门及相关企业的责任在于提高效率、务实运作、改善民生。

（5）技术（technology）：智慧城市建设离不开泛在-物联/传感网、互联网、NGN/NGI/NG××/NetSE/FIA/FN、移动互联网、宽带光网络、云计算、无线网格网络（wireless mesh network）、自组织网络（self-organized network, SON）、软件定义网络（software defined network, SDN）、大数据处理、智能运营管道等一系列新技术的支撑。

（6）提升（enhancement）：提升各方面品质，包括城市生活的安全、和谐与幸福指数等。

（7）实际（realities）：一切讲究真实、实际、务实、安全、可靠、绿色等。

“智慧城市”建设要“智”和“慧”协同、融合发展，充分运用一系列先进信息通信技术（information communication technology，ICT）手段提高城市产品服务的“智”，以创造优质生态、人文、科技及融资环境，增进城市人的“慧”[3,4]。在此基础上，尽可能优化配置好城市各种核心资源，以实现城市发展向真正的智慧城市务实迈进，推进城市（镇）化又好又快可持续发展。智慧城市的核心理念是创新，智慧城市的务实推进，将聚合与协同各类自主创新应用，并促进更多引领型创新浮出水面，甚至引发新一轮创新高潮，为建设创新型国家积极贡献力量！

另外，智慧城市是一个很庞杂的大系统概念，必须用系统学及系统工程学观点处理才行。为此要借助系统工程的高度智能化平台，即通过泛在-物联/传感网、云计算、移动互联网、智能终端及其操作系统与应用商店、大数据处理等，借助高度智能化的城市运营管理决策平台的支撑，将机器智能/智慧化能力与人脑的智慧创新能力——“智”与“慧”有机融成一体，构成一个智慧化城市综合创新决策指挥中心，作为智慧城市的真正决策指挥大脑，进行城市各类核心资源的智慧化优化配置、协同调度处理、应急决策等。与此相应，智慧城市的系统学架构设计、顶层总体规划设计与务实推进也尤为重要。

2. 智慧城市的国内外发展规划

当前，国内外以可持续发展为目标导向的智慧城市建设正在如火如荼地展开，较成功的案例如荷兰阿姆斯特丹智慧城市、阿联酋迪拜互联网城等。依据建设重点，笔者对国内外智慧城市规划建设实践进行初步总结，将其实践模式划分为智慧经济型、智慧交通型和智慧管治型三种类型。

1）智慧经济型

经济是城市发展的核心动力。纵观城市发展史，历次城市经济的跨越式发展皆是伴随技术进步重构产业结构而产生的。同样，智慧城市产业经济也伴随着新一代信息技术的深化而产生深刻的嬗变，具体表现在“智慧产业”形成与发展、传统产业“智慧调适”两大方面。

（1）智慧产业作为城市经济“新模式”得以明确。成立于 2000 年的迪拜互联网城是由政府创建、以构建迪拜自由经济区的战略基地为目标的新兴智慧城市，建设目标是打造“中东硅谷”。据不完全统计，2011 年阿联酋电子商务销售额达到 5 亿美元，实现井喷式发展，而阿联酋智慧产业的发展在很大程度上得益于迪拜互联网城自由贸易区的成功。迪拜互联网城提供了一个知识型经济、生态系统，旨在促进互联网和通信技术公司的业务发展。从城市硬环境角度来看，阿联酋迪拜互联网城是中东地区信息通信技术基础设施最为完善、隶属自由贸易区内部的信息技术园区；而从产业发展软环境角度来看，迪拜互联网城构建了完整的信息和通信技术集群，包括来自不同行业的公司，如软件开发、商业服务、电子商务、顾问、销售和营销。迪拜互联网城致力于支持地区新兴信息技术的发展，同建设以知识为本的“磁场”，作为促进迪拜产业发展的驱动器，吸引中东地区高新企业和“创意阶层”在此集聚。迪拜互联网城将“智慧人才”与“智慧产业”有机结合，构建成“智慧产业”发展的主体，辅以现代感极强的标志建筑容器、精致的城市绿地景观，成为城市发展的典范。

（2）传统产业“智慧化”协调资源作用显著。传统制造业、服务业在新技术进步推动下一直注重代际更新及转型升级，以物联网、云计算等为代表的新一代信息技术调适传统产业发展“模式”在当下被广泛实施。国内外传统产业园区建设都体现了此种倾向。

例如，南京“软件谷”是在传统软件园区基础上进行总体趋智慧化的产物——成立园区智慧管理中心，建成中科院软件所、省云计算产业服务中心等诸多国家级实验室与团队，对传统产业进行高端化、智慧化转型。需要指出的是，智慧管理中心承担着协调园区企业发展、优化园区整体资源配置，以提高整体运行效率的作用。因而，无论是产业本身的提档升级，还是园区企业间的“智慧竞争”，都是传统产业“智慧调适”的结果。同时，传统服务业在此过程中也受益良多。

当前，国内以淘宝、亚马逊等为载体的网络购物，以美团、糯米等为代表的团购平台，都是对传统零售业、住宿餐饮业的补充与提升，形成服务业企业、城市居民和政府三者“共赢”的局面。以网络购物为例，2016 年我国网络购物市场交易金额达到 50 000 亿元，较 2015 年增长了 30.7%，网络零售市场交易总额占社会消费品零售总额的 14.8%。从城市产业内部看，传统服务业是接收新信息技术最为广泛的行业，是传统产业“智慧调适”具有代表性的领域（图 3-1）。

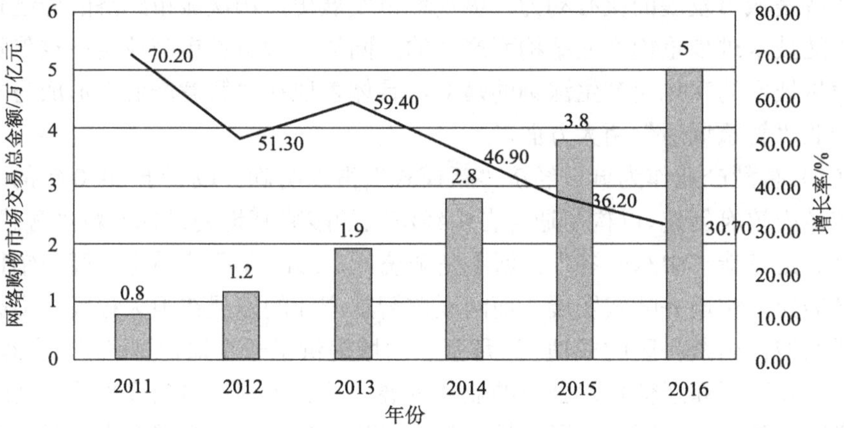

图 3-1　2011~2016 年中国网购市场交易总额及增长率

2）智慧交通型

2014 年 9 月，经国务院同意，国家发展改革委、工信部、科技部、公安部、财政部、国土部、住建部、交通部八部委印发《关于促进智慧城市健康发展的指导意见》，对我国智慧城市建设进行了全面部署，意见表明到 2020 年，建成一批特色鲜明的智慧城市，聚集和辐射带动作用大幅增强，综合竞争优势明显提高，在保障和改善民生服务、创新社会管理、维护网络安全等方面取得显著成效。进一步明确了我国城市转型升级的发展方向，同时也坚定了各地建设智慧城市的信心。

建设智慧城市俨然成为当今城市发展的“康庄大道”，在此背景下，我们完全有理由为此分析推广，进而更加全面、清晰地掌握我国智慧城市的发展现状。

目前，我国省级和副省级城市建设智慧城市比例达到 100%，地级市建设智慧城市比例达到 74%，县级城市建设智慧城市比例达到 32%。随着全国智慧城市的快速推进，各个区都加大了智慧城市建设力度，东部继续保持快速增长势头，同时西部各省份纷纷加入了智慧城市建设队伍，呈现出快速增长趋势。据统计，西北五个省份地级以上城市智慧城市建设数量同比增长最快，达到了 44%，东北三个省份县级城市智慧城市建设数量同比增长最快，达到了 63%。地级及以上城市作为智慧城市建设的主力军，一直在推动着中国智慧城市的发展，目前，四个直辖市均已开始建设智慧城市，浙江、江西、陕西、四川、河南五省地级及以上城市智慧城市建设数量位居前列。

随着我国新型城镇化的快速推进，县级市的升级建设受到了广泛关注，各省市县级市也加快了智慧城市建设步伐。据统计，浙江、江苏、陕西、吉林、贵州五省县级市智慧城市建设数量位居前列（注：以上数据来自国脉互联中国智慧城市发展水平评估）。综上不难看出，在政府及相关企业的共同努力下，目前我国智慧城市建设已经进入高速发展期，总体上东部发达地区继续处于领跑水平，西部和东北地区智慧城市也在快速发展。建设好智慧城市（区、镇）是一项关系到我国国民经济转型、改变发展模式和做创新型国家的最重要的战略之一，也是扩大国民经济内需的最重要的拉动力量，而且这已成为共识。

统计显示，目前我国已经有超过 500 个城市在进行智慧城市试点，并均出台了相应规划，计划投资规模超过万亿元。从实际效果看，智慧城市在城市交通、医疗、政务管理等领域取得了广泛成果，互联网企业将会以行业应用和云计算为切入点，通过开放的合作模式推动智慧城市的建设。互联网经济具有高度的“市场性”。随着互联网企业积极布局智慧城市建设，打破了过去智慧城市的概念忽悠和利益怪圈，一定程度上促进了智慧城市建设回归理性，让智慧城市从高大上的概念走向亲民，并推动城市生活的便捷体验和信息繁荣。

3）智慧管治型

自 20 世纪 90 年代以来，城市管治成为国内外学术界持续关注的热点问题之一。在智慧城市建设的过程中，城市管治也呈现出新的特征，即趋智慧化。从空间实践看，欧盟地区城市是城市管治出现此种转型的典型地区，因为欧盟城市间的相互联系既有趋网络化的特征，而这种特征又极其契合智慧管治的内在本质（图 3-2）。

20 世纪 90 年代，欧盟地区大多数城市的管理模式大体可分为四大类：以盎格鲁—日耳曼地区、荷兰等为代表的混合模式，以法国为代表的法律主导模式，崇尚自由与效率的英美市场导向模式，以及北欧地区的市民导向模式。而随着全球化、新公共管理运动及信息技术应用的不断深化，传统的四种城市管理模式之间差异日益消弭，大体形成趋同的、以电子管治为初级阶段的智慧管治模式。以巴塞罗那为例，其智慧城市管理由城市多个部门和非政府组织所构成，各部门各司其职且整体协调，目标是采用多种信息通信技术将公共管理过程加以转变。同时，巴塞罗那在城市各片区设置智慧设施，使得城市管理委员会、普通市民及非政府组织（包括规划企业）之间都能有效协调合作。

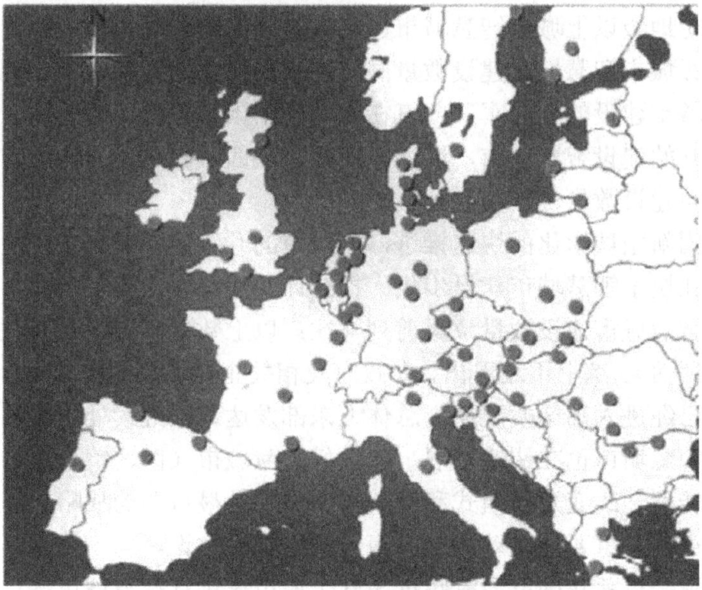

图 3-2　欧洲地区智慧城市分布示意图

在北京、上海和南京等国内城市，城市管治也经历了电子政务、电子管治到智慧管治的类似转变，较为突出的是公众参与领域。传统的政府单向型决策模式正向政府-市民共治模式转变，且深为政府与市民所认同。城市总体规划、控制性详细规划是我国城乡规划体系中最为核心的规划，长期以来，大多数规划由政府及下辖的城市规划机构共同编制。当前，随着改制的推进，大部分城市政府逐步与规划院分离，且加入评审稿公示，以充分尊重利益相关者的参与权。而信息通信技术尤其是新一代信息技术，在此过程中为市民等相对弱势群体的信息获取和参与提供便利。但总体而言，智慧管治仍处于初级阶段，有待政界、学术界共同探讨进一步深化的框架与路线[5]。

3.1.2　蓝图的三项关键技术

智慧城市的核心是主要利用新一代信息技术，以一种更智慧的方法来改变城市交通运行方式，提高市民出行效率。当下物联网、云计算、大数据、车联网等新一代信息技术正掀起技术革命，深刻改变着经济社会[6]。

1. 车联网

目前，“物联网”一词已经越来越多地进入人们的生活，物联网已成为继计算机、互联网与移动通信网之后的第三次信息产业浪潮[7]。

顾名思义，物联网就是物物相连的互联网，一个覆盖世界上万事万物的互联网。物体通过装入无线射频识别（RFID）装置、红外感应器、全球定位系统（GPS）等信息传感设备，按约定的协议与互联网相连，形成智能网络，物品间可自行进行信息交换和通信，管理者通过电脑或手机，可实现对物体的智能化识别、定位、跟踪、监控和管理。

物联网相对于我们所熟知的互联网来讲，具有两个明显的特点：一是虽然物联网的核心和基础是互联网，但其是互联网基础上的延伸和扩展；二是物联网突破了现有互联网的局限，将用户端延伸和扩展到了任何物品，进行信息交换和通信，是“物物相连的互联网”。

车联网概念引申自物联网（internet of things）[10,11]，根据行业背景不同，对车联网的定义也不尽相同。传统的车联网定义是指装载在车辆上的电子标签通过无线射频等识别技术，实现在信息网络平台上对所有车辆的属性信息和静、动态信息进行提取和有效利用，并根据不同的功能需求对所有车辆的运行状态进行有效的监管和提供综合服务的系统。

随着车联网技术与产业的发展，车联网的内容越来越丰富，已经超过了上述概念所涵盖的范畴。根据车联网产业技术创新战略联盟的定义：车联网是以车内网、车际网和车载移动互联网为基础，按照约定的通信协议和数据交互标准，在车-X（X：车、路、行人及互联网等）之间，进行无线通信和信息交换的大系统网络，是能够实现智能化交通管理、智能动态信息服务和车辆智能化控制的一体化网络，是物联网技术在交通系统领域的典型应用。

在车联网中，专用短程通信（dedicated short range communication, DSRC）系统通过车与车和车与路边单元之间进行通信，可为车辆提供路面信息与自适应导航等服务，保障了车辆行驶的安全性。此外，DSRC 还可以实现高速公路的不停车收费、城市道路多车道自由流等功能，极大地提高了交通运输效率，其与其他无线通信技术的比较见表 3-1。

表 3-1　DSRC 技术和其他无线通信技术的比较

参数	DSRC	Wi-Fi	Cellular	WiMAX
延时	<50ms	数秒	数秒	—
通信距离/（m/h）	>60	<5	>60	>60
数据传输速率/（Mb/s）	3~27	6~54	<2	1~32
通信带宽/MHz	10	20	<3	<10
通信频段	5.86~5.925 GHz	2.4 GHz，5.2 GHz	800MHz，1.9GHz	2.5GHz
IEEE 标准	802.11p（WAVE）	802.11a	—	802.16c

车载专用短程无线通信主要由车载设备和路侧设备组成，车载设备置于车辆内，由无线通信和应用处理系统等组成；路侧设备安装于路侧，通过无线电信号与过往的车辆通信，由无线通信和应用处理系统等组成，并有固定链路与路侧系统进行数据交换。其中，最为关键的是车路协同与安全技术。车路协同系统结构见图 3-3。

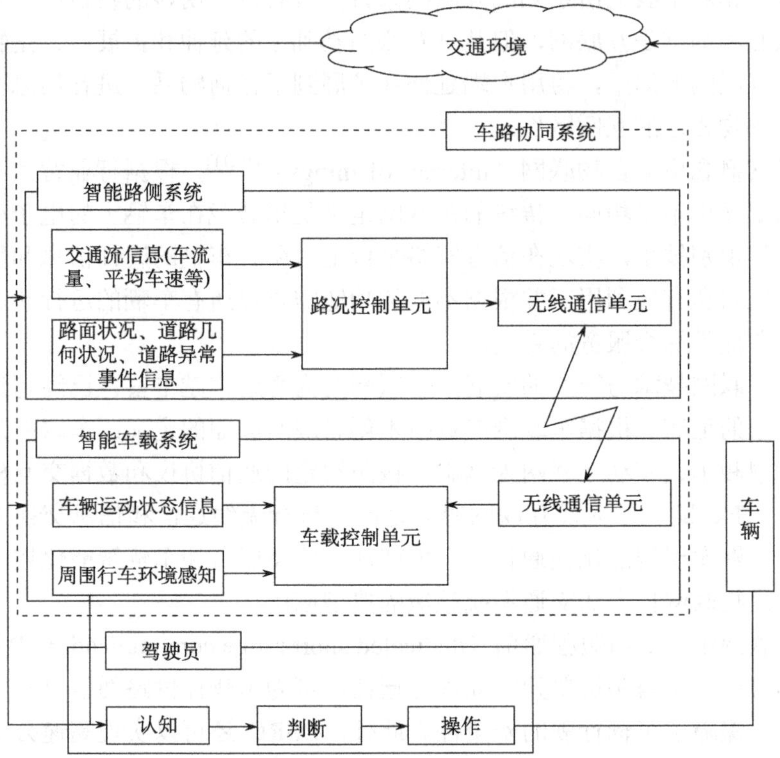

图 3-3　车路协同系统结构

由图 3-3 可见，实现车路协同应以车路信息获取与交互技术、车路信息综合集成与服务技术和车路协同控制技术为基础，例如：基于浮动车数据（floating car data, FCD）的交通状态信息采集方法、基于路链的交通信息表达体系、全信息条件下智能化、递阶分层的交通信息服务系统（实现基于混合交通信息融合与一体化集成的交通状态综合监测）、智能车载和智能路侧技术（实现车辆运行安全监控与预警）。

综上可以看出，车联网改变了传统智能交通系统的通信模式，以更直接的方式帮助信息产生、传播和消费，将成为未来智能交通系统的核心组成部分。但是，现有的研究与应用，距离真正实现车联网中最重要的V2V和V2I通信管理有很大差距，基于传统理论和技术难以有效解决车联网系统以安全为主的核心问题。因此，掌握了车联网中V2V和V2I通信核心标准与技术，就可能在车联网产业链中居于主导地位。

2. 云计算技术

提供资源的网络被称为云。而基于互联网的相关服务的增加、使用和交互模式被称作云计算，通常涉及通过互联网来提供动态易扩展且经常是虚拟化的资源。云计算是分布式计算、并行计算、效用计算、网络存储、虚拟化、负载均衡、热备份冗余等传统计算机和网络技术发展融合的产物，具有超大规模、虚拟化、高可靠性、高可扩展性、按需服务、潜在危险性等方面的特点。云计算使计算分布在大量的分布式计算机上，而非本地计算机或远程服务器中，企业数据中心的运行将与互联网更相似。这使得企业能根据需求访问计算机和存储系统，将有限资源放在需要的应用上。目前云计算主要应用于“云物联”“云安全”“云存储”“云游戏”“云服务”等方面。与传统模式相比，云计算具有如表3-2所示特点。

表3-2 云计算与传统模式特点比较

比较项目	云计算模式	传统模式
接入方式	用户可以在任意位置，通过Internet连接到云中	用户通过LAN等方式连接到传统数据中心
应用方式	用户可直接使用云提供的各种应用服务，而不需要在终端上安装具体应用	通常用户需要将应用安装到本地后才能使用
服务器类型及数量	小型服务器，数量庞大	大型服务器，数量较少
应用于服务器关系	应用运行都在服务器群上，不与具体的服务器绑定	具体的应用智能运行在具体的服务器上

云计算在国际上应用的现状可以分成以下三个层面：

第一个层面是公共层面，典型案例是谷歌搜索，以及谷歌所提供的Gmail。这些是公共商业服务，用广告支撑，基本模式是免费，不过部分是付费的，云计算互联网服务模式是以公众服务为主。

第二个层面，就是软件或资源作为服务的典型，两个典型是斯达康和CRM典型的经营商。由于客户关系管理是非常大的，对于小企业，可以通过定制若干个模块，把企业的客户全部关系装载其中，不用自己去运营系统。通过租用亚马逊的资源，可以得到所需的网络消息服务和交易服务的存储资源。

第三个层面，像微软和IBM这样的企业，它们为企业级的应用提供非常大的便利。企业级的应用不仅仅针对互联网企业，像传统大企业如宝洁公司、通用电气、波音等。这样的企业也有大容量的计算需求，例如波音公司的一个设计项目，模拟飞机翅膀的运行需要一万台电脑，但是通过购买云计算服务就不需要自身购置一万台电脑，避免了极大的浪费。企业级云计算应用即便企业能够利用新的技术、更低的成本来管理它的应用，所以其市场广阔。

3. 大数据技术

随着社交网络的逐渐成熟，移动带宽迅速提升，云计算、物联网应用更加丰富，更多的传感设备、移动终端接入网络，由此数据产生增长速度比历史上的任何时期都要多、都要快。大数据的产生突破了量变到质变的飞跃，催生了许多新业态，也加速了大量传统行业的商业模式转型[9]。

1）大数据概述

国际数据公司（International Data Corporation，IDC）对“大数据”的定义是：为了更经济地从高频率获取的、大容量的、不同结构和类型数据中获取价值而设计的新一代架构和技术。此定义也可以概括为高容量（volume）、多样性（variety）、速度（velocity）、价值（value）四个特点，包括基础架构、数据管理、分析挖掘和决策支持四个层面。大数据环境下，数据来源丰富且数据类型多样，存储和分析挖掘的数据量庞大，对数据展现的要求较高，并且很看重数据处理的高效性和可用性。传统的数据处理方法是以处理器为中心，而大数据环境下，需要采取以数据为中心的模式，减少数据移动带来的开销。

当前，各种交通信息采集技术（如微波、视频、环形感应线圈等）已被广泛运用于城市、高速等交通路段或卡口，并且这些交通信息采集系统每天都会产生海量的实时交通数据。实时交通数据以数据流形式记录着随时间变化的空间（位置、区域等）信息，具有大量、连续、不断变化和要求即时响应的特点。交通领域的海量数据主要包括各类交通运行监控、服务和应用数据，如公路、轨道、客运场站和港口等视频监控数据，城市和高速公路、干线公路的各类流量、气象检测数据，城市公交、出租车和客运车辆卫星定位数据，以及公路和航道收费数据等，这些交通数据类型繁多，而且体积巨大。

随着信息技术的发展，交通部门迫切需要一种更先进智能的数据分析手段对交通行业的海量数据进行高效、实时的分析，为出行者提供实时准确的交通信息服务，为交通管理部门快速处理突发事故以及违法交通行为提供参考。大数据技术具有以下优势：能促进提高交通运营效率、道路网通行能力和设施效率，调控交通需求；大数据技术的实时性和可预测性有助于提高交通安全系统的数据处理能力；在减轻道路交通堵塞、降低汽车运输对环境的影响等方面有重要作用。

2）大数据的关键技术

大数据技术描述了新一代技术和构架，以经济的方式，以高速的捕获、发现和分析技术，从各种超大规模的数据中提取价值，而且未来急剧增长的数据迫切需要寻求新的处理技术手段。大数据技术就是从各种类型的数据中快速获得有价值信息的技术。大数据领域已经涌现出了大量新的技术，它们成为大数据采集、存储、处理和呈现的有力武器。大数据处理的关键技术一般包括：大数据采集、大数据预处理、大数据存储及管理、大数据分析与挖掘、大数据展现和应用（大数据检索、大数据可视化、大数据应用、大数据安全等）。

3.2　智慧平台发展的三大战略概述

3.2.1　交通设施装备信息化

1. 警员装备信息化

交警（traffic police）主要负责在道路上执行指挥交通、维护交通秩序、纠正和处罚交通违章行为、处理交通事故、维护治安秩序等工作。每个市区或者高速公路路段执行公务的交警数量有限，交警的执法能力也是有限制的，并不能够查看到所有犯罪者的各种伪装。将交通执法和联网结合不仅可以提高执法的效率和透明性，进而更好地保障公平正义，而且可以让违法者无漏洞可钻。

一些城市公安部门除了通过引入“互联网+”思维，将大数据的碰撞和情报挖掘分析应用到与自身情况相适应的系统中来以外，还有立足于全国的现代化设备——警务通。“警务通”系统是公安交通管理现代化、科技化、信息化的重要执法装备，已经历四代的更新，第四代应用是结合物联网、云计算等高端技术集成的警务系统。它借助于目前先进的无线通信技术，通过公安部认证的边界接入系统，实现无线用户与全国公安网的安全接入，达到全国公安网信息资源共享的目的，一线交通民警通过移动警务通可以进行交通违法处理，对车辆信息、人口信息、在逃人员、盗抢车辆、警务信息、公共信息等迅速地进行查询比对，并能运用警务通进行现场取证、违法处罚、当场打印法律文书等操作，随时随地获得公安业务信息的支持。在没有警务通之前，交警必须要带上大量的材料，手写罚单，并且罚单不可以修改，开具的罚单也很容易遗失。交警在开具罚单后必须再回到警队后将罚款信息录入系统。人工录入加大了警员的工作量，并且极容易出错。

警务通也能作为公安民警处理移动警务时所需的信息管理系统，又称移动警务系统。为紧急和突发事件的处理提供了信息依据，可避免重特大案件的发生，为突发案件的迅速侦破创造信息条件。适用于民警、交警、巡警、刑警、治安警等各类警务人员，让公安干警办案如虎添翼，有效提高了公安系统信息化水平。

2. 路侧设施信息化

车路协同系统（cooperative vehicle infrastructure system, CVIS）是智能交通系统（intelligent transportation system, ITS）的重要组成部分。如图 3-4 所示，CVIS 的目的是通过智能车载系统与智能路侧系统实现双向、实时与高效的信息交互，在为驾驶者提供全时空信息的同时，进一步实现车路间的最佳协调，以更大限度地提升道路交通系统的安全性、通畅性与高效性。CVIS 更加强调了车车、车路之间的信息交互，对实现道路交通系统可持续发展具有重大的意义，其典型的应用领域有城市交通信号控制、高速公路运营管理、紧急事故处理、不停车收费、交通信息服务以及车辆安全与辅助驾驶等。

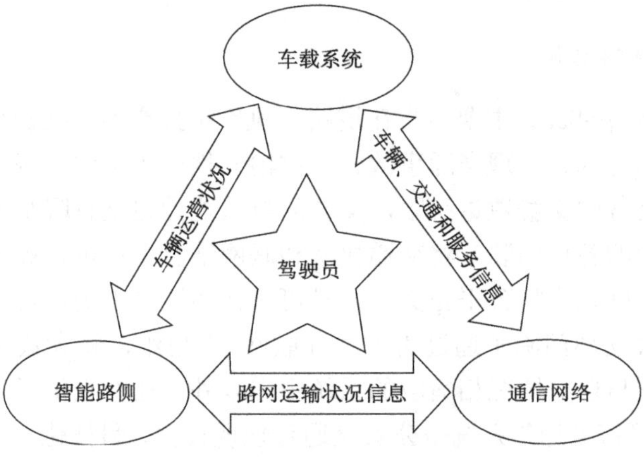

图 3-4　车路协同系统

车路协同技术将有助于缓解城市交通拥堵，减少交通事故，减少车辆尾气排放对环境的影响，能够有效提高生产效率、经济效益和社会效益。具体来说，车路协同控制的社会经济效益主要体现在以下四个方面。

1）减少交通事故的发生率和死亡率

交通控制在时间上和空间上将有冲突的车流和行人交通有效地分开，使用车路协同技术将提前预测和感知道路风险和加快反应速度，从而大大提高了道路交通安全，并将事故的损失减少至最小。统计显示，在道路上发生的交通事故，20%是立即死亡，59%是医生无法挽救的伤害，21%是由于缺乏及时抢救无效死亡，所以使用能够得到立即救援的车路协同系统，交通事故死亡率将会大大降低。

2）缓解交通拥堵和行车延误

通过合理的交通组织和交通信号控制，可以有效地对道路交通流进行引导，最大限度地提高道路的利用率，以及车路协同系统的使用，出行者可以选择使路径接近系统最优的平衡网络的路径，实现统一的网络负载，而车路协同技术有效地引导车辆通过道路或交叉口，提高道路通行能力，从而减少交通拥堵的可能性发生，大大减少了交通延误，道路资源实现了高效率分配与利用。

3）缩短出行时间，带来经济效益

对交叉口进行合理有效的交通信号控制可提高通行效率，使整个道路网络的通行能力和平均速度得到改进，从而缩短货物运输时间和行人出行时间。出行者可以利用节约的出行时间创造更多的社会财富，货物也能减少在运输途中的损耗。

4）能源消耗量减少，污染程度下降

合理的道路交通信号控制不仅可以有效减少车辆在交叉口的停车和启动次数，而且可以减少由此带来的尾气排放和环境污染。大规模、大范围的应用车路协同系统将有效改善这一状况，大大降低运输系统的能源消耗和环境污染。

3. 交通设备信息化

交通监控设备的领军企业FLIR Systems是全球红外热像仪设计、制造及销售企业，其产品广泛应用于商业、工业及政府部门的多个领域。

交通视频检测市场正快速成为热成像技术的受益市场之一。为了确保能够全面进入该市场，FLIR Systems收购了前Traficon公司。在过去25年里，Traficon公司已经成为全球交通行业的重量级企业。FLIR ITS 具备行业的专业知识，并提供先进的交通视频检测技术及监控方案，同时，热成像技术让FLIR ITS在市场中的强势地位如虎添翼。

FLIR ITS提供智能交通检测和监控所需的硬件和软件。通过将可视摄像机或热像仪与智能视频分析技术结合，为全球的交通管理者提供一整套交通流管理和监控的完美解决方案。全球的交通管理人员大部分在应用FLIR ITS的技术监控和管理交通流，无论是应用于监控城市市区内的机动车和行人，还是检测高速公路和隧道中出现的异常事件，或采集交通数据等。

FLIR ITS在交通管理应用中广受全球交通管理者的青睐。在全世界70多个国家，已有超过10万台视频检测器投入运行。FLIR已在600多条隧道中安装有交通事件自动检测（automatic incident detection, AID）系统。他们的系统目前正对总长超过750km的隧道进行连续监控。此外，FLIR解决方案还在全球2万多个交叉路口的交通灯管理中发挥着关键作用。

除了有功能强大先进的视频检测设备，在智慧城市的号召下，各个城市逐渐利用先进的设备来辅助交通协管的各个方面，不仅降低了交警相关部门人员的工作强度，更重要的是提高了执行的准确性和高效性，也为事故的应急处理提供了更加及时的信息。

南京市在 2016 年 4 月中旬首次使用无人机进行交管巡航巡查路况（图 3-5）。执行任务的无人机为八旋翼无人机，可垂直起降，配备高清可变焦摄像头和高频率喊话器。据介绍，使用无人机在高空对交通情况进行实时观察，不但可以调整警力部署，疏导交通，在发生轻微事故时，还可以通过喊话器直接呼叫双方当事人及时撤离现场，打通交通。

图 3-5　交警操纵无人机

由于无人机的机动灵活、视野全面、实时干预等特点，南京交警在 2016 年 4 月 6 日在六合大道雍庄枢纽片区首次利用无人机对道路交通状况进行实时监控，从宏观上了解雍庄枢纽及周边道路的交通态势，并对交通状况有影响的情况进行实时干预，显现出了强大的警务作战功能，大大提升了交通监控指挥管理效率（图 3-6）。

3.2.2　交通信息化业务

交通信息化是有关车辆与整个交通环境下各个环节之间的信息化应用，涵盖的范围比较广，其中主要包括 Telematics、车联网和智能交通三个领域。这三个方面互相关联，互有交叉，体现出汽车交通信息化的广泛性和复杂性。从业务角度出发，汽车交通信息化可以分为车与人、车与车、车与路三方面信息交互，并

图 3-6　无人机航拍画面

与 Telematics、车联网和智能交通三大领域相对应。

（1）Telematics 以无线语音、数字通信和 GPS 系统为基础，通过车载通信设备为驾乘人员提供信息和服务。

（2）车联网是通过传感装置电子标签等设备实现对单个车辆运行状态信息的收集与利用，为车辆提供管理和服务。

（3）智能交通是应用信息、通信、控制及计算机技术等对整个道路交通及运输体系进行实时、准确、高效的管理。

同时，依据国际标准化组织对网络化汽车提出的目标，汽车交通信息化业务可以分为以下三类。

（1）安全性业务。提供车辆行驶、保管过程中的各种安全保障，以保证人身和财产安全。

（2）便利性业务。对于出行、驾驶、维护等事务及车内活动提供协助，并促进汽车运输过程的高效率。

（3）舒适性业务。提供车辆使用过程中个性化、高附加值的享受，体现出行车过程的趣味性、娱乐性和人性化。

根据以上两种业务分类方式，汽车交通信息化的各种典型业务可以采用九宫格的表示方法进行集合与归类。

3.2.3　交通管理系统信息化建设

先进的交通管理系统（advanced traffic management system, ATMS）。ATMS 是用于监测控制和管理公路交通，在道路、车辆和驾驶员之间提供通信联系。它依靠先进的交通监测技术和计算机信息处理技术，获得有关交通状况的信息，并进行信息处理，及时地向道路使用者发出诱导信号，从而达到有效交通管理的目的。系统包括城市区域集成交通控制系统、高速公路管理系统、应急管理系统、公共交通优先系统、不停车自动收费系统、交通公害减轻系统和需求管理系统等。

交通控制集成系统（integrated traffic control system，ITCS）。国内也称为交通控制整合系统，就是在交通流理论基础上，综合应用信息技术、集成技术、通信技术等，将交通管理与控制的子系统如交通信号控制（城市道路交叉口控制、匝道调节、可变车道控制）、交通流动态分析、闭路电视监控、交通违法处理、交通流诱导、信息发布等集成在统一的平台上，实现集成化、智能化、信息化的交通控制。交通控制集成系统初期目标是实现资源整合，中远期则是能够优化控制网络交通流、缓解和预防交通拥堵、快速响应紧急事件。

国内外交通控制集成（整合）系统关键技术主要体现在两个方面：

（1）现场交通控制器的集成。

（2）多交通控制系统智能化集成。

上述两个方面将形成一个集成的交通控制系统，实现采集手段集成、控制策略优化模块集成、控制方法集成、规范的数据集成。

1）现场交通控制器的集成

现场交通控制器的集成就是用一个控制器能够控制交通信号、交通监控、速度监控、公交、事件管理、匝道调节、电子收费、可变信息板、闭路电视监控、出行者信息、车道使用等，这样不仅能够避免"一点一机"的资源浪费，而且实现了硬件资源的共享和交通控制各子系统的联动。

传统的交通控制器是指通常意义上的交通信号控制机，主要负责交叉口红绿灯控制。在国外，交通信号机经历了接近百年的发展，从最初的手动操作到单片机，再到现在的嵌入式信号机，交通信号机不仅功能越来越完善、标准化程度越来越高，而且性能越来越好。随着智能交通系统（intelligent transportation systems，ITS）的发展，集成化、信息化已经成为 ITS 显著的特征。ITS 子系统交通信号控制、交通流诱导、出行者信息、紧急事件管理等本身存在强关联性，协同运作是必然趋势，各系统独立的交通控制器显然已经不能满足信息共享、策略集成的需求。

我国目前的交通控制器设计开发技术基本停留在对国外控制器的学习层面上，技术积累不足。与国外先进的交通控制器比较，国内交通控制器存在的问题主要在以下方面。

（1）目前国内主流的现场交通控制器有控制红绿灯的交通信号机、监视交通流的视频监控器、用于信息发布的交通可变信息板、规范交通秩序的交通违法取证设备等，各设备独立设计、功能单一。

（2）没有统一的标准，通信协议彼此不兼容，集成度较低。

（3）设备研发过程中，大多参考国外机型，以仿制为主，硬件设计上很难形成自主知识产权，不利于开拓境外市场。

2）多交通控制系统智能化集成

美国、日本、欧洲都依据各自的目标，分阶段开发了相应的交通控制集成系统软件。美国的 RHODES（real-time hierarchical optimized distributed effective system）、DYNASMART（dynamic network assignment simulation model for advanced road telematics）等就是在美国先进的交通管理系统的框架指导下，以提高交通服务水平为目标，集成了交通信号控制、出行者信息、交通需求、事件管理、排放检测等出行与交通管理服务等的集成控制系统。RHODES 系统依托自适应交通信号控制系统，拓展到与公交的结合，实现公交信号优先和公交信息发布。DYNASMART 系统基于多方式采集的信息，实时分析交通状态，离线设计和在线评估实时信号控制、干线路径诱导等交通管理策略的运行效果，提供网络交通状态信息给公共出行者信息系统，确定与地点、时间和当前状态相关的最优的拥挤消散策略。

日本的集成控制系统以 UTMS（universal traffic management system）为代表，其目标是实现交通信息采集智能化、信号控制智能化、交通信息提供智能化，并能够与交通流诱导系统 VICS（vehicle information and communication system）互相联动。

同样，这种集成系统在欧洲发展也很快，欧洲的 TABASCO（telematics applications in Bavaria，Scotland，and others）系统，将实时采集的交通数据、自适应交通控制系统、公路匝道调节、动态信息显示整合起来，主要是用于高峰期间平衡路网交通负荷。运行结果表明，当前路网 23%的交通负荷被转移，可替换路线的行程时间仅仅增加 1%，协同系统可以避免过饱和的瓶颈路段形成，路网平均运行时间减少 13%。另外，FASTTRAC（faster and safer travel through traffic routing and advanced control）系统也是在信号控制系统基础上与诱导集成的一个系统，其核心算法就是在中心运用动态交通分配，将诱导和控制结合起来。

目前，我国各城市交通控制集成的程度不一。

北京市建立了整合交通管理系统（integrated traffic management system, ITMS），也就是类似国外的 TCIS，以交通信息中心为轴，连接公共汽车系统、出租车系统、城市捷运系统、轻轨系统、车速信息系统等，根据规划：第一阶段实现交通管理整合，第二阶段实现公共交通的整合，第三阶段实现信息平台的建设。

上海交通信息化建设的目标：整合城区交通监控系统、市郊公路及高速公路监控系统、车辆运行监控系统以及泊车系统等方面的信息，形成道路交通状态监测和预测能力，以支持交通诱导系统的建立；整合公交车辆运行管理系统、出租车营运调度系统、轨道交通营运调度系统、对外交通管理系统的信息，形成综合性公共交通信息服务能力，以支持信息化的综合公共交通的建立；整合多种运输方式的相关信息，形成物流信息通畅沟通能力。

大范围的交通共用信息平台不是一劳永逸的工程，是不断吸纳、不断完善的工程。目前，北京、上海已经初步建立了比较完善的信息采集系统，能够实现交通数据的采集，并判断出交通状态进行发布，为管理者和决策者提供支持。其他省会城市也基本上实现了信号控制系统、122 接处警、交通违法取证系统等集成到统一的指挥中心平台。

1. 北京市高速公路管理信息化建设

截至 2014 年年底，北京市境内高速公路总里程已超过 981km，随着高速公路网规模的不断扩大，对高速公路营运管理的智能化要求也越来越高。2005 年北京启动了高速公路不停车电子收费系统建设，2006 年建成了八达岭高速公路不停车电子收费示范系统，2008 年年底建成了北京高速公路不停车电子收费系统。截至 2013 年 6 月，北京市已建成 412 条不停车收费车道，ETC 用户达 100 万，并陆续建设完成呼叫中心、短信、客服网站、移动充值等服务平台。多元化的服务方式为广大客户提供了极大的便利，为缓解交通拥堵及节能减排等问题做出了重要贡献。

北京高速公路的运营模式为集团公司直属省级人民政府管理模式，运营权归北京市首都公路发展集团有限公司（简称“首发集团”）所有。首发集团于 1999 年 9 月成立，是北京市国有大型企业，负责北京高速公路建设、营运管理、筹融资和相关产业经营。

1）北京市交通管理系统框架

北京市制订的高速公路智能交通系统近期规划（2009~2015 年）中，其重点规划和完善了北京市高速公路营运管理“一个综合平台，七大应用系统”，即规划建设高速公路综合交通信息平台，建设和完善电子收费系统、出行者信息服务系统、交通管理系统、高速公路应急指挥系统、养护管理系统、路产管理系统和服务区管理系统等。该规划确定了北京市高速公路智能交通系统以综合交通信息平台建设为核心，以全面推进营运管理、信息服务、应急指挥等领域的信息化进程为导向，充分发挥综合交通信息平台的信息枢纽作用，实现各业务系统之间的数据共享与信息集成，确保了北京市高速公路交通系统的智能化得以顺利实施。远期（2016~2020 年）以建立一个立体化、网络化、信息化、智能化、高效安全的现代化高速公路交通系统为战略目标，全面实现北京市高速公路交通系统的智能化。

北京规划高速公路智能交通系统以综合交通信息平台建设为核心，实现各业务系统之间的数据共享与信息集成。在北京市高速公路信息中心的基础上，建设北京市高速公路综合交通信息平台，建立交通基础资源数据库；建立交通基础资源电子地图，实现交通基础地理信息资源共享，重点解决信息处理和信息集成两个领域的关键技术。

2）信息化管理系统组成

近期规划（2009~2015 年）实施时是以交通信息平台建设为核心，逐步完善了交通信息化基础设施建设，实现了首发集团各部门之间的互联互通，建设了“一个综合平台，七大应用系统”，实现了各子系统之间的信息共享，初步实现了北京市高速公路交通系统的智能化。

（1）综合交通信息平台

在北京市高速公路信息中心的基础上，规划建设北京市高速公路综合交通信息平台。进一步完善相关标准规范，综合利用数据库管理技术、交通地理信息技术、数据通信技术，有效集成高速公路相关业务管理系统，大力开发信息资源，实现首发集团内外部信息资源的全面整合与重组。突破信息资源建设体制障碍，建立交通基础资源数据库；建立交通基础资源电子地图，实现交通基础地理信息资源共享；加快完善交通信息通信网络，实现信息网络的互联互通，实现信息交换的网络化，实现网上信息报送。综合交通信息平台的建设需重点解决信息处理和信息集成两个领域的关键技术。

（2）电子收费系统

现金收费方面，进一步完善现金收费系统，开发完善便携机收费系统、收费站出口的车牌识别系统、现金传输系统和入口自动取卡系统。电子收费系统方面，对现有管理系统进行改建升级，进一步扩大客户服务规模，完善客户服务网络，自主刷卡系统，扩大电子收费系统应用范围，实现 ETC 系统的数据统计挖掘功能，并与出行者信息服务系统、综合交通信息平台建立数据接口，实现对非法车辆的电子抓拍以及通行费的追缴，以适应电子收费系统大规模应用的需要。

（3）出行者信息服务系统

建立高速公路出行者信息服务系统，丰富出行者信息服务，建立并完善各种信息发布渠道，为出行者提供全方位的动态与静态交通信息服务，全面推进出行者信息服务系统的智能化与信息化。出行者信息服务系统能提供车辆运行状态信息服务、交通事件信息服务、道路工程施工信息服务、收费站信息服务、出行规划信息服务、车辆预计行驶距离信息服务、交通诱导信息服务、路边信息服务和气象信息服务等。另外，建立并完善交通服务热线、大型电子显示屏、路侧小型显示屏及可变限速标志、高速公路网站、手机短信业务、交通广播和站区广播等各种信息发布渠道。

（4）交通管理系统

在交通管理方面，全面推进北京市高速公路交通管理系统的智能化，升级交通流监控子系统，开发科学合理的日常交通管理子系统，完善紧急事件处理方面的应急指挥功能，最终确保高速公路系统交通流安全、顺畅、有序地运行。

（5）高速公路应急指挥系统

在北京市交通应急指挥中心的体系框架下，在高速公路综合交通信息平台基础上，建设和逐步完善北京市高速公路应急指挥系统，建立高速公路营运管理中养护管理、路产管理、交通管理、高速公路信息服务等各个系统的联动机制，实现交通管理系统中监控子系统、紧急事件管理子系统，路产管理系统中紧急事件处置子系统，出行者信息服务系统等各个应用子系统的快速联动，强化部门合作，改善紧急事件指挥能力和效率，减少大型突发事件对高速公路正常营运管理的影响。

（6）养护管理系统

建设高速公路养护管理 GIS 平台，完善高速公路养护的基础信息，扎实推进养护管理信息化，建设桥梁健康动态监测系统，实现高速公路养护管理的全面信息化、可视化，提高高速公路养护管理水平，加强监管力度，建立起运管机制，实现系统的综合集成。京秦高速公路建立了基于 GIS 的智能型高速公路救援决策支持系统，通过软硬件结合的方式，最大限度地综合京秦高速各种有限信息，对有限数据挖掘处理，智能地修正、改进已有决策，实现决策最优化。

（7）路产管理系统

建立高速公路路产管理系统，提高路产管理工作的效率，扎实推进路产管理工作的信息化，建设性能优越的监控与通信设备，实现紧急事件救援管理的实时、准确、快速反应，并且进一步实现高速公路的紧急事件管理系统的联动反应。

（8）服务区管理系统

完善北京市高速公路服务区的业务管理系统，提高服务区内的业务管理水平，实现全面而科学的服务区综合管理。坚持以服务为本的原则，充分考虑到出行者和高速公路使用者不同方面的需要，重点建设服务区信息服务子系统，开发服务区管理子系统，并且在此基础上完善服务区内各单位业务管理系统。

2. 上海市综合交通管理信息化建设

近年来，上海市公路得到快速发展，截至 2010 年年底，上海市公路总里程约为 11 974km，公路密度约为 188.8km/100km^2、6.14km/万人，高速公路通车里程为 775km。“十一五”期间，借助于 2010 年上海世博会机遇，上海公路行业在电子收费、交通信息采集发布、公众出行信息服务、行业集成平台等信息化系统建设方面，实现了跨越式发展，成果显著。

上海综合交通管理系统的核心是上海市交通综合信息平台，该平台汇集了道路交通信息数据、公共交通信息、对外交通信息三方面总共 237 种数据，包括道路交通信息 173 种，公共交通信息 30 种，对外交通信息 34 种。其中，道路交通数据又包括路网数据、机电数据、交通组织数据、气象数据、事件数据、交通流数据、诱导发布信息等。上海市的所有交通管理单位，包括高速公路管理者，均从综合信息平台获取到自己需要的各方面数据。

1）上海综合交通管理系统总体框架

目前上海市信息化交通管理系统形成了以上海市交通综合信息平台为核心的三级机构，如图 3-7 所示。

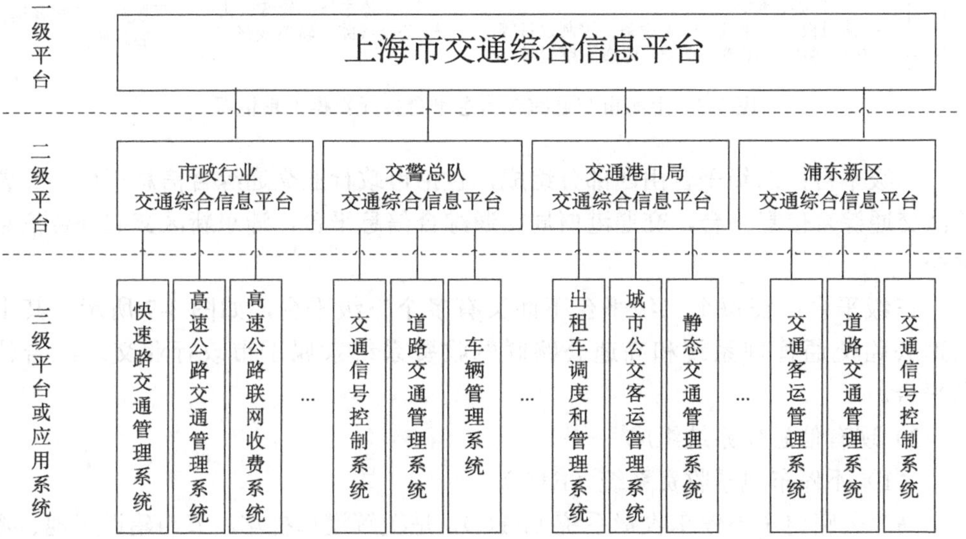

图 3-7　上海市交通信息管理系统结构图

一级平台：上海市交通综合信息平台整合整个上海市各部门各方面交通信息，作为信息交换与共享的平台，服务于二级平台。目前，上海市交通综合信息平台实际收到的数据总共 143 种，包括道路交通信息 129 种，公共交通信息 8 种，对外交通信息 6 种，如图 3-8 所示。其中，道路交通数据又包括基础数据 57 种，实时数据 32 种，历史数据 40 种，例如路网数据、机电数据、交通组织数据、气象数据、事件数据、交通流数据、诱导发布信息等。

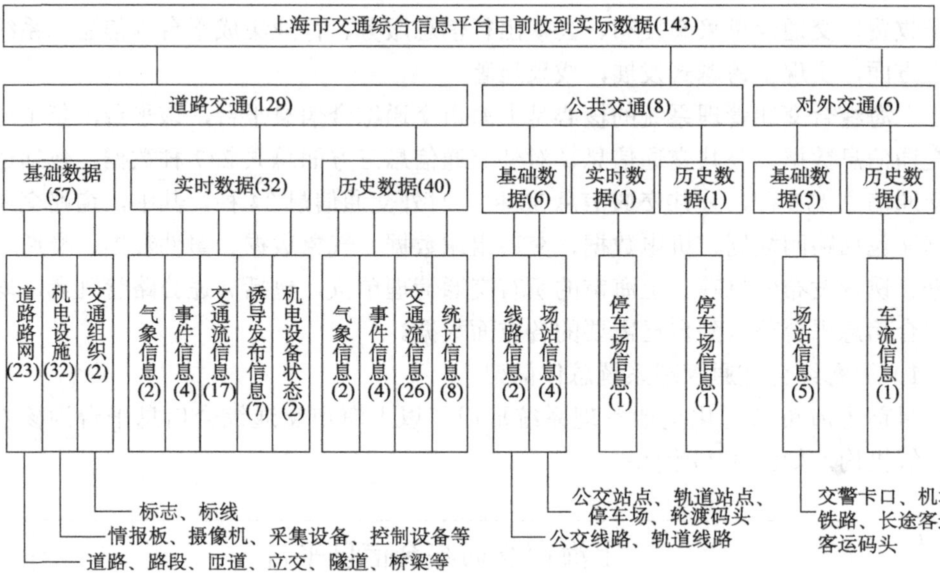

图 3-8　上海市交通综合信息平台多元数据汇聚情况

二级平台：二级平台由四部分组成，包括市政行业交通综合信息平台，交警总队交通综合信息平台，交通港口局交通综合信息平台，浦东新区交通综合信息平台。

三级平台：在每个二级平台下面又有多个三级平台，如图 3-7 所示，其中高速公路交通管理系统和高速公路联网收费系统隶属于市政行业交通综合信息平台。

2）现有信息化系统组成

（1）不停车电子收费系统（ETC）。

高速公路电子不停车收费系统（ETC），是缓解道口拥堵、节约建设用地、降低车辆油耗、减少尾气排放、保护空气环境的重要措施。自 2008 年底建成运营以来，上海市 ETC 得到了较快的发展，尤其在 2014 年实现了全国联网，进一步提升了 ETC 服务水平。截至目前，上海市共建设 ETC 车道 290 条，实现了所有收费站全覆盖，并发展用户逾 100 万。2016 年，上海市高速路网日均车流量 106 万辆次，同比增长 12.3%，其中 ETC 流量达到 33 万辆次（占总流量的 31.1%），同比增长 28.7%，ETC 越来越成为驾车一族畅行高速公路的首选。

（2）交通信息采集与发布系统。

上海基本形成了针对不同路网交通特征，应用线圈、出租车 GPS 信息、手机信令、SCATS 系统、牌照识别、微波等多种技术手段，分别采集快速路、地面道路和干线公路等道路交通实时信息，通过对这些动态数据进行处理，实现交通实时运行状态的发布。已建设800余块图形和文字可变信息标志设施，发布以红、黄、绿颜色标示的道路交通实时运行状态图形，以及车辆行程时间等文字信息，提供了道路路况实时信息和相关交通信息。基本建成了3900多个路口、覆盖中心城区范围的 SCATS 自适应信号控制系统，实现了快速路全覆盖和地面主要道路车辆通行状实时视频监控。建成并运行高速公路ETC不停车收费系统，提高了高速公路收费口通行能力，方便了出行者的收费结算。

（3）公众出行信息服务。

基于提高为民信息服务水平的思路，公众出行信息服务系统方面也取得了一定的建设成果。

对公路行业内各种公开的咨询电话、报警求助电话和投诉电话进行了整合，构筑了上海公路网“12122”呼叫中心，并使其成为向社会公众提供路况信息咨询、应急求助以及行业投诉的统一声讯服务平台，大大方便了社会公众。

结合公路交通信息采集系统建设，同步提升了上海公路门户网站的公众出行信息服务能力，特别加强了公路出行线路查询等咨询性服务能力和实时交通信息提供能力的建设，实现了实时交通状态、交通事件以及公路交通视频图像信息的提供。

通过实施高速公路服务区信息服务系统示范工程建设，对高速公路服务区公众出行信息服务进行了有益探索，实现了信息查询终端等多种信息服务方式，使公众出行信息服务水平有了进一步提高。

随着移动互联网技术以及“互联网+”的快速发展，通过与一些互联网科技企业的合作，将公众出行信息分享给互联网公司，由它们进行发布的成功案例也已日益受到认可和追捧。

（4）公路设施管理。

综合信息管理平台已开发以及应用的各类公路设施信息管理系统，实现了对公路路面、桥梁、绿化、机电系统等各类公路设施信息化管理的全覆盖；开发桥梁安全运行管理系统，加强对桥梁的动态管理，为桥梁安全提供信息保障；不断优化路况评价分析系统，对采集的路况信息数据进行全面梳理和分析，生成可靠的路况分析报告，为公路养护提供决策辅助。

（5）集成平台。

为了实现跨系统信息共享和信息组织，完成了公路行业基础信息平台（集成平台）建设。在集成平台上，进一步完善了“两个基础资源库”建设，形成覆盖全市所有管养公路的空间数据库和基础属性数据库，为公路设施管理、网格化管理等提供了基础信息；通过集成平台的统一对外接口，实现了与市政行业信息平台互联，建立了对外信息共享和交换，实现了与中心城快速路、长三角相邻省市高速公路的信息互通，为提高信息综合应用及信息服务水平打下了基础。

（6）公路网管理中心实时运管平台。

初步构建了支撑公路网管理中心的实时运管平台，为各项日常管理提供信息化的支撑手段。

在高速公路网交通监控中心的基础上，构建了支撑公路网管理中心的交通监控管理、突发公共事件应急管理、“12122”呼叫中心等综合业务的实时运行管理平台，并与相应的业务条线之间建立了互联互通，为公路网进一步发展所需的路政、设施养护和施工等日常运行管理提供了信息化运行环境，为行业日常运行管理集成提供了基础。

3. 浙江省“智慧高速”建设

到 2011 年年底，浙江省高速公路通车里程已达 3500km，形成了“两纵两横十八连三绕三通道”的四小时高速公路交通圈，日均车流量达到 84 万车次，在经济社会发展中具有举足轻重的地位和作用。然而，随着交通流量日益增加，路网运营出现了以下突出问题：交通事故多发，遇到重特大交通事故时缺少省级统一指挥平台，恶劣天气下通行安全保障缺少科学预测和决策支持，危化品运输管控难，ETC 没有形成规模，全省高速公路服务电话号码不统一，信息不共享等。

为解决以上问题，浙江省启动了“智慧高速”项目。“智慧高速”是浙江省 2013 年启动的智慧城市建设试点首批 13 个项目之一。“智慧高速”遵循顶层设计、分步实施，资源整合、信息共享，统一标准、业务协同，需求导向、注重实效四项基本原则，按照“8141”总体思路，建设成为现代交通信息技术及系统集成的应用示范工程，以应用促发展、促创新，带动相关产业集聚发展。

1）“8141”总体思路

“8”指的是：一套信息采集系统、一套网络传输系统、一个数据处理中心、一个运行服务体系平台、一张协同服务网络、一套技术与业务标准体系、一套责任追溯查证体系、一个公司运行维护。

“1”指的是：形成省高速公路运行服务指挥中心，实现高速公路各相关单位联合办公、协同管理、资源共享和“一个口子对外”的管理服务模式。

“4”指的是：“一令通”“一号通”“一卡通”“一键通”。

“1”指的是：力求“一揽子”解决高速公路管理和服务问题。

“智慧高速”总体架构主要由数据采集、关联信息、数据处理中心和运行服务体系平台、协同管理、智慧服务、网络传输、责任追溯查证、技术与业务标准、开放共享九部分组成。

数据采集主要指从高速公路智能终端设施或系统直接采集的与“智慧高速”直接相关的图像、交通流、交通环境、交通事件、交通运行管控和车辆收费六类动态数据。

关联信息主要指高速公路业主拥有的高速公路现状信息和从其他部门信息系统接入与“智慧高速”间接相关数据信息，由拥有单位开放数据公共接口、实时共享相关数据和图像，主要包括：高速公路业主的现有道路设施、安全设施、机电设施、报警设施、清障设施信息等；公安部门的驾驶人及车辆信息、车辆违规信息、人口基础数据等信息；交通部门的路政及养护信息、货运物流的相关信息、客运联网相关信息、周边道路交通信息；其他危化品运输车辆、医疗机构、车联网、应急救援装备及人员等信息。

数据处理中心和运行服务体系平台是利用云计算技术建设的统一的高速公路数据智慧化处理和服务平台，是将高速公路智能终端直接采集的实时数据和关联信息进行汇聚、处理和交互的平台，为高速交警部门、公路管理部门、高速公路业主、其他有关单位、司乘人员、增值服务商等用户提供协同管理和智慧服务。

协同管理是指高速交警部门、公路管理部门、高速公路业主及相关单位依托运行服务体系平台，统筹各方力量和资源，实现信息、资源、业务和管理决策的协同，提高管理效能，包括运行监控指挥系统、运输安全监管系统、联网收费管理系统、ETC运行管理系统。

智慧服务主要是指依托高速公路运行服务体系平台面向各方提供出行服务、增值服务、辅助决策分析和基础信息管理等智慧服务。可根据需要开发新的应用系统，进一步拓展服务范围。

网络传输主要通过有线网与无线网相结合的方式实现。有线网是“智慧高速”运行的基本通信保障网，包括高速公路骨干通信专网、政府部门的专网、租用网络传输商的专线、网络传输商的有线公众网。无线网主要是指3G和4G手机通信网、WLAN、无线集群通信专网、无线传感网、GPS和北斗卫星、广播电台。

责任追溯查证主要通过制度和技术两个手段来保障数据运行的安全可靠，明确各业务流程的安全责任，确保指令传达通畅、反应快捷，以及数据信息安全、网络安全可控、责任可追溯查证，进而构建从规划设计、项目建设、运行维护和数据网络安全保障体系的“智慧高速”。

技术与业务标准是由技术与业务高度融合的地方标准、行业标准和国家标准组成的标准体系，包括智慧高速基础标准、智慧高速定义标准、其他相关标准、数据采集标准、关联信息标准、数据处理标准、协同管理标准、智慧服务标准、网络传输标准和责任追溯查证标准等。

开放共享指“智慧高速”是一个开放的系统，与“智慧浙江”运行服务平台、长三角区域合作信息平台、省级相关部门业务平台、地市级相关业务平台可以实现信息的互联互通，并可通过省级相关部门业务平台与国家业务主管部门的业务平台实现连接，在更大范围内实现信息共享。

2）建设内容

浙江省“智慧高速”建设的主要内容可以概括为九大部分。

（1）组建浙江智慧高速公路服务有限公司。由浙江省交通集团控股、各高速公路业主参股，并吸收网络运营商、软件开发商、设备制造商等企业加入，按照一定比例出资，组建股份制的浙江智慧高速公路服务有限公司，承担开发建设、系统集成、运行维护、完善提升一体化职能，提供专业化网络服务和内容服务。

（2）建设浙江高速公路运行服务指挥中心。基于运行服务平台，由公路管理、高速交警、高速公路业主组成浙江省高速公路运行服务指挥中心（可虚拟化运作），实行“一路三方”联合办公、协同管理、资源共享、统一服务指挥，实现“一令通”。

（3）建立数据采集系统。在现有高速公路摄像机、车检器等监控设施的基础上，按照“智慧高速”建设的相关标准，对数据采集设施系统进行改造提升。

（4）打造处理中心和运行服务体系平台。浙江智慧高速公路服务有限公司建设数据处理中心和运行服务体系平台（联合办公大楼），按照云计算模式，建设数据处理中心机房，布设后台系统硬件设备、安全保障设施，开发相关应用软件系统，如智慧高速运行监控指挥系统、辅助决策分析系统、运输安全监管系统、联网收费管理系统、ETC运行管理系统、增值服务管理系统、出行服务系统和基础信息管理系统等，形成运行服务平台。

（5）建立网络传输体系。坚持有线网与无线网、专网与公众网相结合，依托现有浙江省高速公路通信骨干光纤网络和其他通信资源，建设高速公路骨干通信专网、无线宽带网和无线集群通信专网。骨干通信专网按照“大容量、高速率”目标要求进行升级改造；无线宽带网主要是租用通信网络服务商的宽带和3G、4G网络资源，通过移动通信基站来实现；无线集群通信专网主要是通过整合各方既有资源，建设高速公路无线集群通信呼叫系统，实现“一路三方”统一通信。

（6）建立呼叫服务体系。借鉴网络传输商呼叫中心建设的经验，整合现有的呼叫号码资源，统一高速公路客服号码，承担受理咨询、投诉、求助、报警等功能，承担高速交警、公路管理等部门的电话接听事务和出行人员咨询事务。通过广播电视媒体、出行网站、手机终端、LED情报板、服务区触摸屏、一键通车载终端等设施，提供全方位的出行服务。

（7）发行并推广应用“浙通卡”。在推广应用ETC的基础上，整合目前的高速公路通行卡，发行并推广应用“浙通卡”，逐步实现高速公路通行、卫星定位、消费、缴费等多重功能。制定扶持政策，与银行等相关机构合作，利用市场化机制，大力发展“浙通卡”用户。

（8）建立技术与业务标准体系。对高速公路领域相关的国际标准、国家标准和行业标准进行综合梳理，在信息化主管部门、标准化主管部门和有关业务主管部门的指导、帮助下，结合试点，超前设计，边实践探索，边总结完善，形成技术、业务流程高度融合的商务模式创新的标准，并争取成为地方标准、行业标准或国家标准。

（9）建立信息安全保障体系。浙江智慧高速公路服务有限公司由国资控股，将安全技术、安全设备融入“智慧高速”软硬件开发建设之中。在硬件方面，主要实施设置防火墙、防病毒软件、系统异地容灾备份设施、布设系统安全自动巡检和报警系统等安全策略；在安全制度方面，主要采取集中式权限管理，建立全程的责任追溯查证系统，实行违信违规违法的追究制度，加大安全检测、等级保护、风险评估、应急预案、电子认证等工作力度，及时发现和修补安全漏洞。

3）体制机制建设

“智慧高速”的体制机制建设应坚持政府主导与市场运作相统筹，体制机制的动力与市场主体的活力相结合，推动商业和服务模式创新，适应个性化、多样化、快节奏的服务需求，主要包括以下四大机制。

（1）公司化运作机制。实行市场化运作，就是要把专业化的内容服务做好，提高服务质量和效率；不断拓展业务范围，提升规模化效益；建立自我激励约束机制，动态优化提升服务模式。浙江智慧高速公路服务有限公司是一家带有公益性质的公司，其主要收入来源于为政府及部门服务，收取服务外包费用；为高速公路业主服务，从高速公路新增收益中得到回报；为第三方出行服务商等服务，有偿提供数据内容。

（2）业务协同机制。高速交警、公路管理、高速公路业主及相关单位依托运行服务平台，形成浙江高速公路运行服务指挥中心，资源共享、业务协同、标准统一、服务一体化，按各自职能开展协调指挥、管理服务。应急处置突发事件时，政府及公安、交通运输、业主等单位在运行服务平台上统一指挥，统筹协调、上下联动、快速处置。同时，科学合理地建立高速公路运行管理服务和应急处置的分级响应机制，实行高速公路运行服务（终端）前端与后台一体化建设机制，提升业务协同服务能力。

（3）服务外包机制。政府部门要坚持市场能办的事交由市场去办、政府花钱买服务的理念，从具体事务中摆脱出来，重点管决策、管规划和方案（标准）的审定、管标准建设、管管理制度建设、管上下左右关系的协调、管运行安全保障，把数据处理、系统开发、运行维护、日常咨询事务受理处理等一般技术类事务类业务服务外包给浙江智慧高速公路服务公司。公路管理、高速交警部门信息化管理职能逐步从信息系统开发、维护转向对网络服务外包业务的评价、考核和监管上来，加强对外包服务质量、绩效、安全性的评价考核。

（4）协作共享机制。政府各相关部门要坚持不求所有，但求所用，不求为我所有，但求为我服务的理念，支持和参与“智慧高速”建设，整合相关资源，发挥最大效应。“智慧高速”系统采集的数据和关联信息通过有线或无线网，首先直接统一接入“智慧高速”数据处理中心，按业务应用模块进行智慧化处理后，由政府、交通运输、公安、高速公路业主等单位开放共享，同时生成各类解决方案，通过一定渠道向公众提供方便快捷的服务。

4. 江苏省智慧高速公路运营与服务智能化平台

江苏省智慧高速公路运营与服务智能化平台设计主要的服务对象是联网中心、路桥公司和社会公众，在理清路网管理机制、运营与服务智能化平台子系统之间关系以及路网与路段之间关系的基础上，建立了包含“一个中心、两大平台”的高速公路运营与服务智能化平台的路网层框架[8]。

（1）信息采集系统是整个运营与服务智能化平台的前端组成部分，是指挥调度和公众服务应用的重要基础。

（2）云计算数据中心的建设是运营与服务智能化平台设计的核心，包含数据整合存储、数据融合等信息分析处理和信息共享交互功能，实现各业务系统之间的数据共享与信息集成，为营运管理提供有效的数据支持。

（3）指挥调度应用平台，以信息采集系统和云计算数据中心为基础，为全省高速公路交通营运与安全业务提供强有力的应用服务支持，提升交通营运管理的“流程化、智能化、精准化、科学化”水平。

公众服务平台包括公众服务辅助分析系统、基于卫星定位的交通诱导系统、基于手机的信息互动服务系统以及基于网站的信息服务系统。公众服务平台能够为交通出行者提供综合的信息服务，通过各种信息发布工具，为交通出行者提供包括交通、气象、管养、旅游等基本实时出行信息的服务，实现广域信息资源共享，并在此基础上进一步提供出行前路径选择与辅助决策、出行途中实时诱导服务、个性化的增值信息服务等，提高高速公路驾乘人员的出行效率和舒适度，增强高速公路在车辆路径选择和乘客出行方式选择中的吸引力，提升全省高速公路网的运营效益。关于江苏省智慧高速平台相应内容会在第 5 章具体介绍。

3.3　智能化交通管理信息平台阶段实施

交通信息采集系统是智能交通系统的“感觉器官”，依赖于自动的信息采集与处理，即所谓的智能交通管理，为管理者提供可靠的系统现状数据来实现的，而可靠的原始数据对于整个系统的运行起着至关重要的作用。

3.3.1　基础交通信息采集与处理

基础交通信息是通过各种手段直接采集到的交通信息，是 ATMS 各子系统的原始输入数据。对这些数据可以根据不同的需求进行进一步加工，从而得到符合不同需要的更有价值的信息。基础交通信息按照其变化的频率不同可以分成静态交通信息和动态交通信息两大类[12,13]。

静态交通信息主要包括：城市道路网基础信息（如道路技术等级、长度、收费、立交连接方式等）、城市基础地理信息（如路网分布、功能小区的划分、交叉口的布局、城市基础交通设施信息等）、车辆保有量信息（包括分区域、时间、不同车种车辆保有量信息等）及交通管理信息（如单向行驶、禁止左转、限制进入等）。

动态交通信息主要包括：在途车辆及驾驶员的实时信息、交通流状态特征信息、交通紧急事件信息、环境状况信息及交通动态控制管理信息等。

对于各类型的交通信息有各自的采集所对应的方法，静态交通信息通常采用人工调查或仪器测量的方式来获取。比如：城市基础地理信息、城市道路网基础信息等主要通过这些方式采集。为了减少不必要的重复性工作，并且减少数据不一致的可能性，还可以通过与其他系统对接的方式，从其他相关系统得到有关基础信息。静态信息是相对稳定的，变化的频率很小，并且变化没有规律，因此，静态交通信息不需要实时采集，一般一次性输入，直到数据发生变化的时候才需要修改。

动态交通信息种类繁多，不同种类的动态交通信息都具有各自不同的特点。动态交通信息与静态交通信息显著的不同，主要表现在它的实时性，因此，动态交通信息的采集必须是准确的、及时的。那么这些实时变动的交通信息全部采用人工的方式采集是不可能的，一方面，采集速度跟不上；另一方面，人力也不可能全天候地进行采集。对于动态的交通信息现有的采集方式包括视频定点监控，以及不停车电子收费系统，手机数据也可以采集到驾驶员的一个动态的行程。

1. 智能信息采集技术简介

1）交通信息固定型检测器

所谓固定型检测器是指运用安装在固定地点的交通检测设备对行驶的车辆进行监视，从而实现采集交通参数的方法总称。固定型检测器的种类很多，主要有：环形线圈检测器、超声波检测器、雷达检测器、视频检测器、红外线车辆检测器等。

磁频采集技术：当有机动车辆通过检测区域时，在电磁感应的作用下交通检测区域内的电流会跳跃式上升。当该电路超过指定阈值时会触发记录仪，实现对车辆数及通过时间的检测。使用磁频技术采集动态交通数据的设备主要有环形感应线圈检测器、磁力检测器等，其中环形感应线圈检测器的应用最为广泛。

波频采集技术：波频采集技术有两种工作方式，一种是交通检测器向检测区域发射具有一定波长的能量波束，当有机动车辆穿越检测区域时，该波束经车辆反射后被检测器接收，然后经过处理分析获得所需要的交通检测参数。这种类型的设备主要有微波检测器、超声波检测器和主动红外线检测器等。另一种工作方式是检测器对通过检测区域的机动车辆本身发射的具有一定波长的能量波束进行接收，经过分析处理后获得所需的交通参数，这种类型的设备主要有被动红外线检测器、被动声学检测器等。

视频采集技术：是一种将视频图像和电脑化模式判别技术相结合应用于交通领域的新采集技术。它通过视频摄像机功能，将连续的模拟图像转换成离散的数字图像后，然后通过计算机软件进行分析处理。这种方式分为被动式采集和主动式采集两种工作方式，前者可以提供交通流量、平均速度、车头时距、车辆分类和车辆占有率等数据，后者除了提供上述参数以外还可以提供车辆的跟踪功能。

2）交通信息移动型检测器

所谓移动型采集技术是指运用安装有特定设备的移动车辆检测道路上的固定标识物来采集交通参数数据的方法总称。目前主要有基于汽车牌照自动判别的动态交通数据采集技术和基于浮动车（floating car detection）的动态交通采集技术。

基于汽车牌照自动判别技术的动态交通数据采集系统通过在两个相邻的检测点对同一辆车的车牌进行判别分析，可以获得车辆的行程时间、行程速度等参数。若在给定的时间段内有多辆车经过特定路段，还可以得到该路段的平均行程时间和平均行程速度。

基于浮动车（floating car detection）的动态交通采集技术是指通过记录行驶在交通流中离散的浮动车辆的位置、速度、旅行时间等信息推算网络交通流状况。浮动车技术对车辆本身及驾驶行为不作任何要求，与一般社会车辆没有区别，完全利用 GPS 技术跟踪车辆的瞬时位置、速度和时间，达到对大范围网络交通流信息的动态获取。

2. 智能交通信息采集中数据融合的必要性

研究数据融合（data fusion）也称作信息融合，是一个信息综合与处理的过程，一般的定义是：利用计算机技术对按时序获得的若干传感器的观测信息在一定准则下加以自动分析、综合以完成所需的决策和估计任务而进行的信息处理过程。由此可以看出，不同来源的采集数据和信息是数据融合的加工对象，协调优化和综合处理是数据融合的核心。在交通信息采集尤其是动态交通信息采集中进行融合是十分必要的，主要由数据融合的优点和交通信息的特点共同决定。在交通信息采集系统中应用数据融合技术，可以使采集系统具备以下优点。

（1）提高交通信息采集系统的鲁棒性。由于采用了数据融合技术，减小了因为环境的突然变化对整个信息采集系统性能的影响，系统对环境变化有很强的适应性。

（2）扩展交通信息采集系统的空间覆盖能力。由于传感器在空间的交叠，扩展了系统空间覆盖范围，利用定点检测器可以实现对主要路段和节点的信息采集，而利用移动采集方式可以实现对整个道路网络的信息采集。

（3）扩展交通信息采集系统的时间覆盖能力。交通信息采集工具的性能不一样，当某些采集工具不能工作时，其他采集工具仍能继续保持对交通信息的检测。

（4）增强交通信息采集系统的可信任度。用多个采集工具对同一个交通信息进行判断和确认，可以实现优势互补，增加了交通信息结果的可信度。另外由于交通数据的多源性、异构性、多层次性、不完整、不一致、具有时间与空间等特征，必须采用数据融合技术提高智能交通信息的可靠性，利用多源信息互补提供交通信息的可靠性，将不精确、不完整、不一致、不可靠甚至相互矛盾的交通信息转化成对目标或现象一致性的解释和描述。

3.3.2　智能化交通管理信息平台应用系统

道路交通指挥与调度管理系统是集通信、指挥、控制、信息于一体的复杂系统，它将电子信息技术、计算机技术、图像技术、GPS 和 GIS 等先进的科学技术应用到道路交通电视监控、交通信号控制、交通诱导、122 接警处理等系统中，通过计算机网络和通信网络将功能独立的各子系统有机地集成在一起，实现信息共享，便于统一指挥、调度，形成一个“信息灵通、决策有力、调度及时、反应快捷、指挥高效、管理科学”的智能化交通指挥调度管理系统。道路交通指挥与调度管理系统具备各种道路交通状况和车辆信息数据采集处理能力、决策能力和组织协调能力，实现了对城市道路交通状况的有效监控，道路交通流量的自动调节，缓解交通拥堵，提高道路通行能力。同时，道路交通指挥与调度管理系统还具有如下特点。

（1）信息丰富。指挥调度中心既能掌握管辖区内的实时交通信息，又能查询辖区内多种地理信息、警力分布信息和车管所车辆管理信息等。

（2）有机集成。122 接警工作站和指挥工作站均能进行接处警，进行图像切换和控制，查询有关资料，从而实现调度。

（3）信息共享。通过计算机网络，领导平时可以在自己的办公电脑上直接了解辖区内交通实况，而不必到指挥调度中心进行了解，遇到突发事故，通过 122 指挥调度机，直接进行多方通话，进行调度，还可以将实时交通监控图像传送到公安局，供 110 指挥中心使用。

（4）数字化。所有信息，包括监控图像、接处警对话，均实行数字化，便于存储、远传、检索、查询。

（5）网络化。通过建立交通信息网站，可以将交通图像信息、交通疏导信息进行网上发布，供市民了解交通状况。

（6）智能化。通过交通流量检测，可自动调节交通信号机时间；通过 GPS 可自动跟踪巡逻警车。

3.3.3 智能化交通管理信息平台服务实践

在互联网的浪潮下，互联网与交通规划管理业务也联系得越来越紧密，由深圳市交通信息与交通工程重点实验室于2015年1月发起的非营利性在线交通创新平台——未来交通实验室，以“挖掘数据价值、践行开放理念、共建创新平台”为理念，致力于城市大数据模型、数据开放和创新产品等技术交流。未来交通实验室（深圳站）包括城市模拟以及孵化产品两大板块，为交通规划业务信息化方面做出了示范性的展示。

1. 城市模拟

基于地理信息系统和交通模型，结合实时道路交通信息，分八个板块展示深圳城市交通的方方面面。

1）停车场剩余车位监测——动态展示

呈现全市路外停车场和路内停车场的位置、实时剩余车位数、饱和度与停车价格，节省停车时间。

自 2014 年 7 月 1 日起，深圳正式实施路边停车收费，并配合移动 APP 进行电子化收费。基于路内停车收费系统的车位占用数据，实时监控路内停车位的饱和度，引导用户前往空闲车位处（图 3-9）。

图 3-9　停车场剩余车位监测动态展示

2）道路运行指数——实时动态模拟

呈现全市各路段、热点片区的实时拥堵指数，为政府决策、公众出行提供支持。道路交通运行指数（简称“交通指数”）是对路网交通总体运行状况进行定量化评估的综合性指标，与传统的车速、流量等参数相比，具有直观、简单的特点。本系统基于深圳市 16 000 多辆出租车的 GPS 数据，针对道路交通运行评估，提出基于出行时间的综合性交通指数，采用路径反向追溯法对既有路段车速计算方法进行重大改进，实时发布深圳市分路段和分片区的路况信息，实现每 5 分钟滚动更新一次。

3）交通碳排放监测——实时动态模拟

呈现全市不同时空范围内的交通碳排放变化，宏观掌握全市的交通碳排放总量。借鉴欧美地区先进经验并结合深圳实际情况，建立本地化、精细化的交通排放因子库。基于城市综合交通模型（客运模型和货运模型），测算不同类型机动车的道路流量与交通周转量。综合交警、环境等部门的车牌识别、车辆年检等基础数据，获得不同区域和路段上的车型构成和交通量信息，构建车队构成模型，核算交通能耗与排放，并保证交通排放核算结果的更新频率为每 1 小时发布一次（图 3-10）。

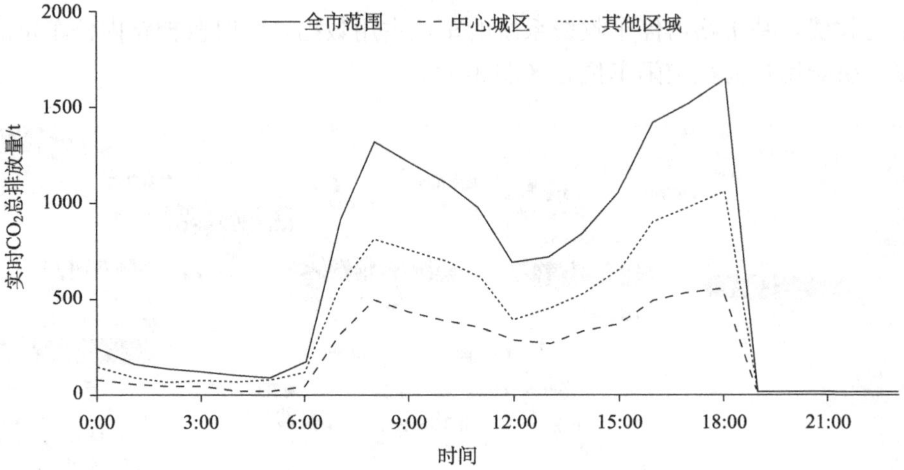

图 3-10　交通排放监测示意图

4）居民出行分析——手机大数据实例化

呈现城市居民在空间范围内的聚集效应和出行分布，挖掘手机数据，掌握居民出行特征。基于手机基站数据进行匹配分析与大数据挖掘，精确展现城市居民在一天内的空间聚集情况和出行分布（图 3-11）。

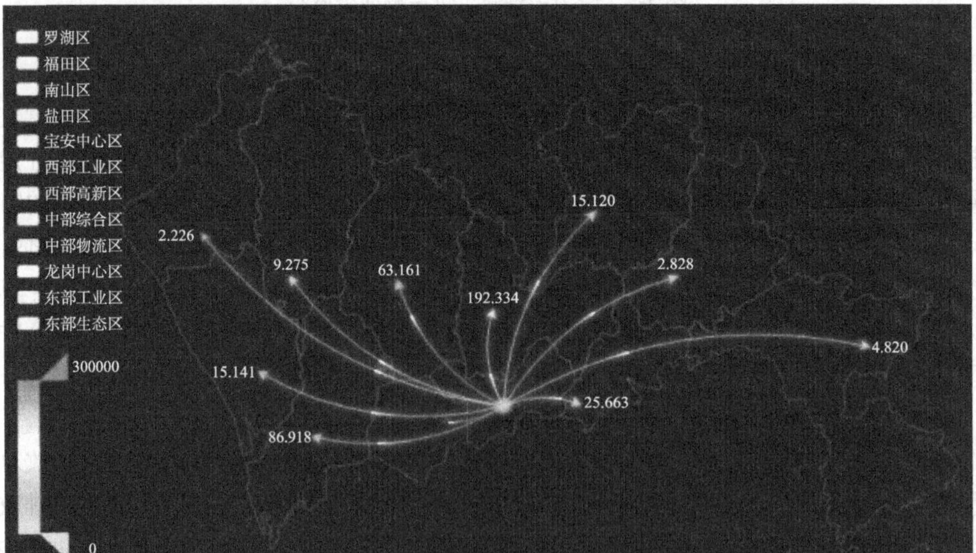

图 3-11　居民出行分析——手机大数据实例化示意图

5）路段打车概率——实时动态计算

呈现全市不同路段实时可以打到出租车的概率，引导市民至最容易打到出租车的路段上候车。

“打车难”是目前中国大城市普遍存在的交通问题。基于深圳市 16 000 多辆出租车 GPS 数据，实时监测统计深圳市空驶车辆和载客车辆的时空分布信息，掌握出租车的运营特点，一方面可协助用户寻找更易打到车的位置；另一方面可支持交通管理部门、出租车公司提高管理水平以改善出租车供给分布（图 3-12）。

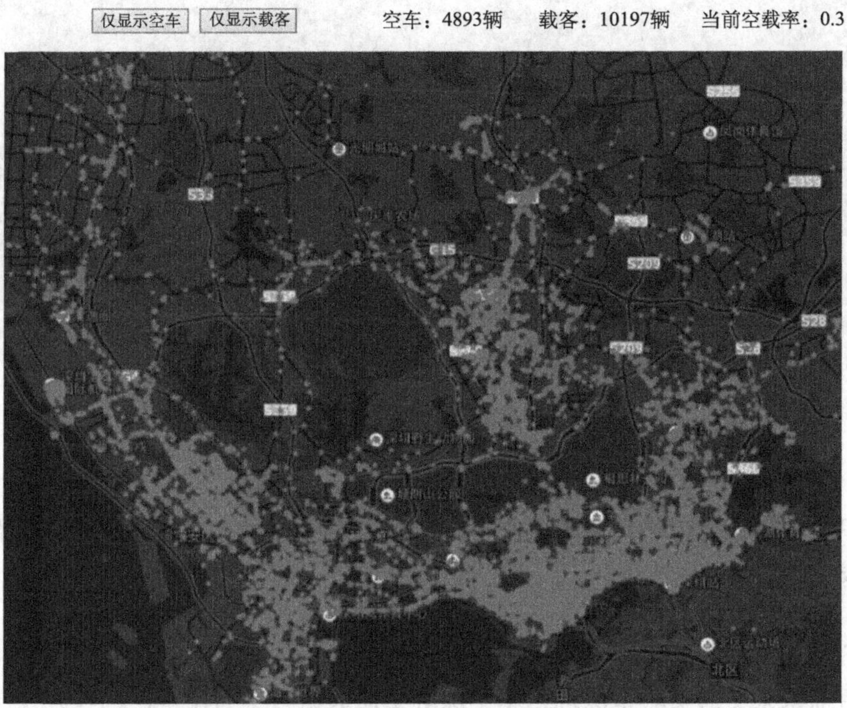

图 3-12　路段打车概率——实时动态计算示意图

6）交通事故空间分布——历史累积

呈现全市多年累积的交通事故空间分布，协助管理者掌握事故多发点和分析事故多发原因。

基于多年的交通事故数据，将深圳划分为 542 个小区，分析各个小区内的交通事故发生总量，有助于掌握交通事故的空间分布以及事故多发点，引导交管部门进行专项整治与改善。

7）城市用地开发——历史变迁模拟

从国土开发、建设用地、城市规划三个方面，呈现 30 多年来深圳特区外扩、关内外一体化发展的时空趋势（图 3-13）。

图 3-13　城市用地开发——历史变迁模拟示意图

8）人口岗位增长——历史变迁模拟

呈现深圳市人口、岗位的时空变化；轨道规模扩大，人口岗位向轨道沿线聚集的发展特征。

2. 孵化产品

目前未来交通实验室深圳站基于深圳交通数据与交通模型，已经开发了“伴我行”APP 等若干面向政府、企业和公众的产品。

1）“伴我行”APP

“伴我行”是交通状况及交通诱导信息发布的重要方式。本产品立足于 VMS 的虚拟化，依托移动 APP，整合路况、停车、事故、气象、公交等多源交通信息，实现对公众出行的主动定向诱导。目前测试版暂时只接入了路况信息，更多信息即将接入（图 3-14）。

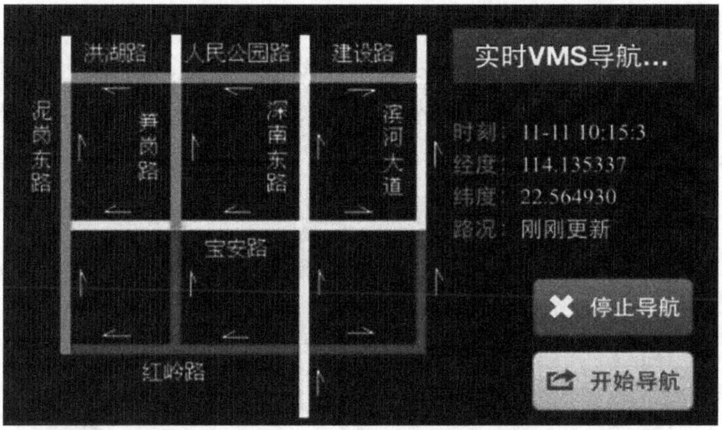

图 3-14　“伴我行”APP 示意图

2）交通指标查询系统

该系统是一款提供迅速查找城市交通指标功能的轻型应用。系统使用简单，涵盖数据种类多样，尤其迎合了专业用户在日常场合中对宏观数据的即时需求。目前指标系统包括 10 个大项、151 个小项，覆盖了国内众多一线城市，可查询内容超过 20 000 条。未来将持续升级城市交通指标查询系统，全面采用“众包”理念，构建一个开放互动的交通指标平台（图 3-15）。

图 3-15　交通指标查询系统示意图

3）居民出行调查采集系统

居民出行调查采集系统是基于安卓平板设备开发的，借助轻型数据库存储、离线地图引擎、无线数据传输等技术手段，实现便捷化采集城市居民出行数据的交通软件系统（图3-16）。

图3-16　居民出行调查采集系统

4）历年交通调查数据共享平台

该平台标准化整合历年交通调查数据，通过地图、网络和数据库技术，提供数据管理新模式，连续高效、便捷共享（图3-17，图3-18）。

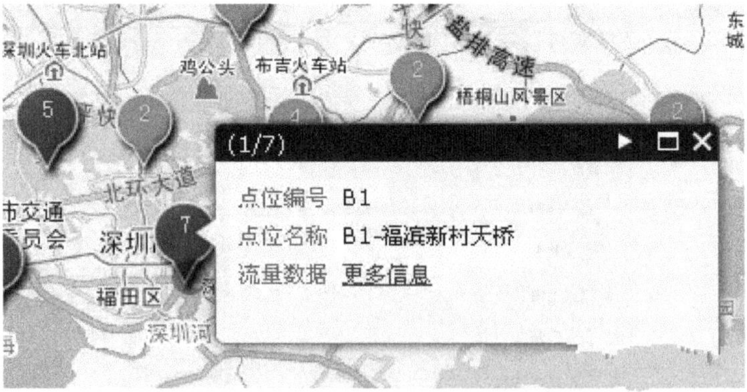

图3-17　历年交通调查数据共享平台示意图1

信息浏览

点位名称：B1-福滨新村天桥　　点位编号：B1　　显示年份：2010

调查结果

年份	开始时间	结束时间	车流方向	折合PCU	混合车流	小客车	出租车	公交大巴	公交中小巴	社会大巴	社会中巴	小货	大中货	集装箱
2010	06:00	06:15	北-南 西-东 进关	329	270	102	102	5	0	6	6	20	24	5
2010	06:15	06:30	北-南 西-东 进关	406	352	133	139	14	0	12	8	29	16	1
2010	06:30	06:45	北-南 西-东 进关	455	389	173	121	16	2	21	12	28	15	1
2010	06:45	07:00	北-南 西-东 进关	591	524	284	147	19	0	20	17	22	15	0
2010	07:00	07:15	北-南 西-东 进关	1044	975	680	180	26	0	23	26	32	8	0
2010	07:15	07:30	北-南 西-东 进关	984	923	690	145	20	2	24	16	18	8	0
2010	07:30	07:45	北-南 西-东 进关	1583	1514	1201	193	21	0	34	18	41	6	0
2010	07:45	08:00	北-南 西-东 进关	1256	1189	906	178	21	1	32	15	30	6	0
2010	08:00	08:15	北-南 西-东 进关	1478	1409	1080	235	20	2	23	14	21	13	1
2010	08:15	08:30	北-南 西-东 进关	1926	1865	1382	387	20	2	30	9	30	4	1
2010	08:30	08:45	北-南 西-东 进关	1658	1572	1128	311	31	0	31	9	48	14	0
2010	08:45	09:00	北-南 西-东 进关	1358	1304	1027	197	26	1	16	10	21	6	0
2010	09:00	09:15	北-南 西-东 进关	1673	1597	1255	210	32	3	21	8	55	13	0
2010	09:15	09:30	北-南 西-东 进关	1359	1280	891	203	23	2	27	4	112	17	1
2010	09:30	09:45	北-南 西-东 进关	1205	1137	839	170	35	1	19	9	57	7	0
2010	09:45	10:00	北-南 西-东 进关	1312	1243	901	203	32	0	26	5	70	6	0
2010	10:00	10:15	北-南 西-东 进关	1528	1439	1024	290	26	1	22	7	43	26	0
2010	10:15	10:30	北-南 西-东 进关	1567	1493	1087	270	25	0	25	11	62	10	3
2010	10:30	10:45	北-南 西-东 进关	1766	1663	1197	324	28	0	19	11	49	34	1
2010	10:45	11:00	北-南 西-东 进关	1968	1840	1257	400	25	1	27	2	78	50	0
2010	11:00	11:15	北-南 西-东 进关	1844	1710	1220	313	23	1	25	6	66	56	0
2010	11:15	11:30	北-南 西-东 进关	1649	1510	1099	212	25	2	29	5	83	55	0
2010	11:30	11:45	北-南 西-东 进关	1240	1169	843	220	18	4	24	3	39	18	0
2010	11:45	12:00	北-南 西-东 进关	1048	980	678	204	20	2	20	2	36	18	0
2010	12:00	12:15	北-南 西-东 进关	1459	1367	899	340	29	2	23	5	44	24	1

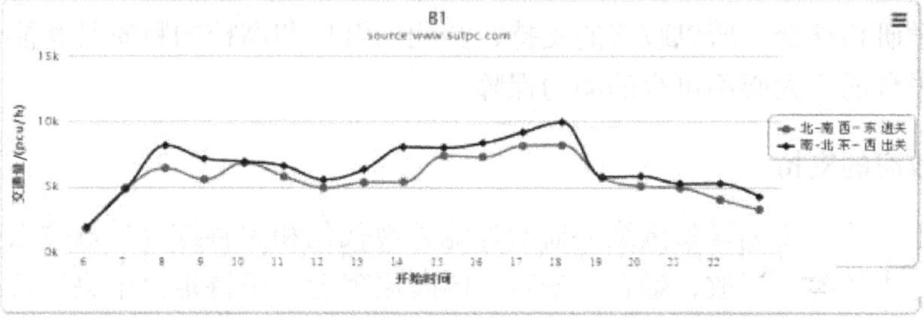

图 3-18　历年交通调查数据共享平台示意图 2

5）交通调查视频管理系统

与视频调查技术相结合，网络化架构和数据库部署，实现“一张图”可视化管理以及高效简明的数据查询和视频播放（图 3-19）。

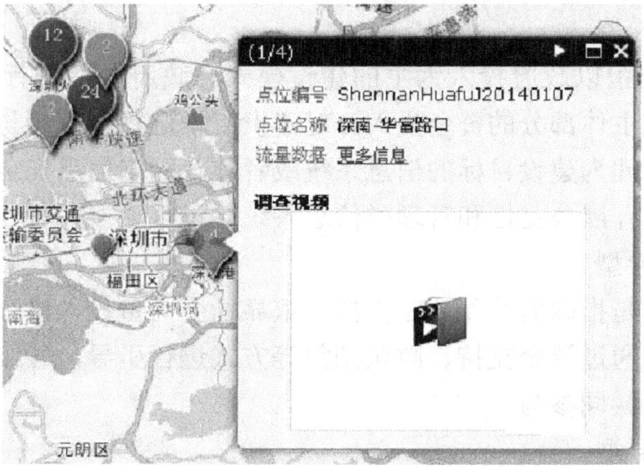

图 3-19　交通调查视频管理系统示意图

6）现状与历史交通状况定制化发布系统

为个人通勤等日常出行定制化发布现状与历史交通状况，使用户通过参照比较，选择通畅路径，更为贴切和实用。

3.4 智能化交通管理信息平台动力保障

智能化交通管理平台的建设需要来自多方面的支持与保障。智能化交通管理平台是应用于实际的交通路网的路桥管理公司，离不开政府的资金投资以及对项目的支持和引导，而智能化交通管理平台需要高校科研的保障，将高校科研成果加以转化，完善管理信息平台，对平台的长期发展有着至关重要的作用。由于市场化的需求以及“十三五”规划的特别强调，要依托政企合作，打造服务新生态，要政产学研相结合。所以政府的支持、企业的合作和高校的科研是智能化交通管理信息平台的三大必不可少的动力保障。

3.4.1 政府的支持

“十三五”规划紧紧围绕交通治理能力现代化和完善综合运输体系建设，强调了坚持“统筹、开放、融合、变革”的发展理念；坚持走“中央统筹、联动地方、政府引导、市场驱动”相结合的发展道路，更加强调发挥中央的统筹作用和市场的主体作用；坚持以提升交通运输信息化发展质量和效益为核心，提出了交通运输要素信息开放共享、行业管理在线协同、综合运输便捷互联、信息服务提质增效、信息安全自主可控、信息化发展环境协调高效六个方面的具体发展目标。所以新时期智能化交通管理平台少不了政府的引导和支持。

交通信息化建设有以下三种模式。

1）政府主导型

政府主导型指以政府投入为主的建设模式。政府部门进行信息化的规划设计，承担全部或主体部分的资金投入，对建设工程进行全程参与管理。该模式主要支持以政务管理为建设目标的信息系统或者涉及网络信息安全的信息系统，围绕“电子政务”开展公益性和管理类信息系统建设。

2）政府引导型

政府引导型是指政府给予一定支持，依靠社会力量投入进行信息系统建设的模式。政府部门通过资金支持、政策倾斜等方式进行引导，各级政府部门、行业企业、社会力量共同参与。

3）政府倡导型

政府倡导型是指以市场为导向、充分利用社会资源进行信息系统建设的模式。政府可以通过公文提倡、公开表彰等形式进行倡导并给予一定的奖励。该模式主要针对以满足个性化需求、提供增值服务为目标的信息系统，特别是经济效益好、具有广阔市场前景、能够有效提升行业信息化水平的建设项目。通过政府倡导，主要依靠市场机制加以推动。

综合以上三种模式，政府在起主导作用，其主导地位主要体现在两个方面：一方面，政府往往是智能交通建设的主导力量；另一方面，它又是智能交通的核心用户。这就决定了智能化平台的发展如果离开了政府的主导和推动，就很难获得长足的发展。只有通过政府良性的引导和支持，才能将智能化平台更好地应用与推广。

2016 年 8 月，科技部、教育部印发《关于加强高等学校科技成果转移转化工作的若干意见》，从十个方面对科技成果转移转化工作机制、科技成果收益分配政策、科技成果转移转化的人事管理制度等进行了明确，有些政策甚至属于突破性进展，一改高校科技成果转化相关政策 19 年未调整的“积弊”。2016 年 11 月，教育部又印发《促进高等学校科技成果转移转化行动计划》发布通知，明确教育部直属高校要在 2016 年 12 月底前，其他高校在 2017 年 3 月底前，完成涉及科技成果转移转化各项制度、工作机制的建立和完善，形成良好的支持科技成果转移转化的政策环境。一个意见，一个计划，在得到良好的实施之后都将有效地激励高校成果不积压成“陈果”，刺激科研成果转化。

3.4.2　企业的合作

产学研即指企业、高等学校和科研院所之间的合作，通常指以企业为技术需求方，与以科研院所或高等学校为技术供给方之间的合作，其实质是促进技术创新所需各种生产要素的有效组合。

企业的创新活动越来越受到鼓励，而企业如果仅凭一己之力进行自主创新、实现产业升级，则会在财务成本、科研能力等方面存在较大问题。在这种情况下，校企合作发展成为一种极为普遍的现象。一方面，高校通过校企合作，有助于提高其科研应用水平和人才培养质量，并获得科研经费，为学科建设和高校发展争取到资金支持；另一方面，企业通过校企合作，能以相对较低的成本实现技术实力和管理水平的提升，使企业能集中精力专注于生产和营销等环节。

许多国家政府投入的科研经费多用在新技术、新理论的研发，至于产业化研发，主要以企业为主体进行，企业投资、企业收益、企业承担风险，企业成为创新的载体和主体。企业参与产业化研发投入的好处在于：一方面，企业最知道市场需要什么技术，什么产品，如何自主去组织研发针对性更强，实施效率更高；另一方面，企业参与科研投入，以利益为目标导向，也有利于科研成果转化。采取将财政投入的科研经费分配到研究院所、高校的方式，评价体系会产生大量的管理费用，资金使用效率下降，且这样的研发往往跟市场和生产是脱节的。

“十三五”规划期间实行政产学研相结合，以政府为主导，强化市场的作用。产学研三方面自身的任务是不相同的，企业的任务是出产品，学校的任务是出人才，科研单位的任务是出科研成果。企业有自主创新的需求，需要高校的人才注入，给企业增加活力，从而提高自主创新能力。高校、科研机构、企业各自聚集大量科技资源，高校在知识创新方面领先，科研机构在应用研究方面有专长，企业则是技术的需求者，在产品开发和市场开发方面具有优势。高校和科研机构的研究偏重于理论性，对市场需求关注不足，企业作为技术的需求者，自身的研究能力有限。三者脱节，科研成果就难以转化为生产力，创新活动和创新成果的内在价值就得不到市场检验，企业和社会对创新需求的信息在传导中就会短路，创新就失去了需求拉动和技术推动。

智能化平台的建设需要单位企业的合作，才能将平台“包装”，转化为实际的产品，才能够被应用。

3.4.3 高校的科研

高等学校是科技第一生产力和人才第一资源的重要结合点，始终是国家创新体系中重要的组成部分，地位重要，作用独特。高校的本质作用就是适应经济建设和社会发展对各类高层次人才的需求，先进的理论得益于科研，智能化信息管理平台最初只是理论框架，框架的构建以及详细的内容离不开高校科研的成果，高校里汇聚着高质量的科研人才，专注于基础理论和方法的研究。

教育尤其是高等教育理应在国家创新战略中发挥重要作用，因为高校首先承担着人才培养的任务，创新的理念、能力要从教育起步。高校尤其是研究型大学，在科研上也是重要力量，传统上以“自由探索”基础理论研究为主的模式下，根据国家需求更积极地承担了应用型研究的责任。高等教育的整体发展也需要有创新理念的多方面改革。

创新要成为高校的战略发展方向之一：靠教育改革创新培养能够引领未来的人才；靠文化创新产生新思想；靠科技创新产生科学前沿成果；靠制度创新实现治理结构、人才培养、学科结构、人事制度、资源配置的完善。

具体而言，要全面提升科学研究竞争力，加强学科布局的顶层设计与战略规划；优化科研资源配置，强化稳定支持与持续发展；完善考核评估机制，营造戒除浮躁、鼓励合作、潜心研究的文化氛围，建立健全科研伦理与科研诚信制度。同时，要整合优势，促进学科交叉，推进重大条件平台建设。

聚焦国家重大需求，以科研信息化转变高校科技组织方式。引导高校聚焦国家重大战略需求，充分发挥高校人力资源与学术优势，通过学科创新链和产业链的联动实现与市场对接；进一步强化高校有组织创新，形成高校系统凝练提出国家重大项目建议、组织承担国家重大科技项目的能力，面向重大任务、重大工程和重大装置，在科研协作方面形成重点突破，探索实现信息技术手段支撑的重大任务协同攻关。

此外，高校还要增强社会服务效能，深化产学研用结合，加快科技成果转化。要服务国家战略，建设高端思想库、智囊库，依托学科优势，致力于建设世界一流的智能化智库，以满足交通政策和交通体系科学的教育、研究和政策咨询的需要，服务国家重大需求。

思 考 题

1. 简述智能交通管理信息化平台的内容。
2. 新时期的智能化交通管理信息化平台有哪些优点和不足？

参 考 文 献

[1] 李春佳. 智慧城市内涵、特征与发展途径研究——以北京智慧城市建设为例[J]. 现代城市研究, 2015, (5): 79-83.

[2] 陈如明. 智慧城市定义与内涵解析[J]. 移动通信, 2013, 37(3): 5-9.

[3] Pollard III O A. Smart growth: the promise, politics, and potential pitfalls of emerging growth management strategies[J]. Va. Envtl. L. J, 2000, 19: 247.

[4] 孙中亚，甄峰. 智慧城市研究与规划实践述评[J]. 规划师, 2013, 29(2): 32-36.

[5] 慧聪安防网. http: //info. secu. hc360. com/2016/04/120917855432. shtml[2017-1-12].

[6] Houseman E M E. Survey of Current Systems for Selective Dissemination of Information. (SDI)[J]. Physical Review B, 1969, 52(2): 1286-1289.

[7] 李红艳，桂超. 物联网的应用及其发展趋势[J]. 福建电脑, 2010, 26(9): 1-2.

[8] 冉斌，张健，李锐，等. 智慧高速公路数据中心建设与运营[M]. 北京：人民交通出版社. 2016.

[9] 金保印. 迎接“大数据”时代[J]. 民营科技, 2013, (3): 176.

[10] 何廷润，李军芳. 车联网核心技术与商业模式的探讨[J]. 移动通信, 2013, (15): 10-14.

[11] 李炎. 车联网技术的研究[J]. 中国新通信, 2012, (17): 38.

[12] 苏洁. 基础交通信息采集技术的研究[J]. 制造业自动化, 2011, 33(2): 54-56.

[13] 唐汝礤，钱寒峰. 智能交通信息采集中数据融合技术探讨[J]. 科技咨询导报，2007, (26): 17-18.

第 4 章　车联网技术

4.1　车联网技术概念

4.1.1　车联网定义

车联网概念引申自物联网（internet of things），根据行业背景不同，对车联网的定义也不尽相同。传统的车联网定义是指装载在车辆上的电子标签通过无线射频等识别技术，实现在信息网络平台上对所有车辆的属性信息和静、动态信息进行提取和有效利用，并根据不同的功能需求对所有车辆的运行状态进行有效的监管和提供综合服务的系统[1]。

随着车联网技术与产业的发展，上述定义已经不能涵盖车联网的全部内容。根据车联网产业技术创新战略联盟的定义，车联网是以车内网、车际网和车载移动互联网为基础，按照约定的通信协议和数据交互标准，在车-*X*（*X*：车、路、行人及互联网等）之间，进行无线通信和信息交换的大系统网络，是能够实现智能化交通管理、智能动态信息服务和车辆智能化控制的一体化网络，是物联网技术在交通系统领域的典型应用。其中车内网是指通过应用成熟的总线技术建立一个标准化的整车网络，车际网是指基于 DSRC 技术和 IEEE 802.11 系列无线局域网协议的动态网络，车载移动互联网是指车载终端通过 3G/4G 等通信技术与互联网进行无线连接。

从结构上来看车联网分为三个层次（图 4-1）：

一是感知层，通过各种传感器采集信息，包括信号灯、交通渠化信息、交通状况和车辆与人的运动信息等。

二是信息交互层，通过 5.9GHz 的专用短程通信设备（DSRC）或 Wi-Fi、3G/4G LTE 进行车-*X* 之间的信息交互。

三是应用层，车辆可根据获取的信息进行动态信息服务和车辆智能控制，交通管理部门可根据获取的信息对各种交通要素进行实时管理监控，从而提高整个交通系统的运行效率、行驶安全性，以实现节能环保。

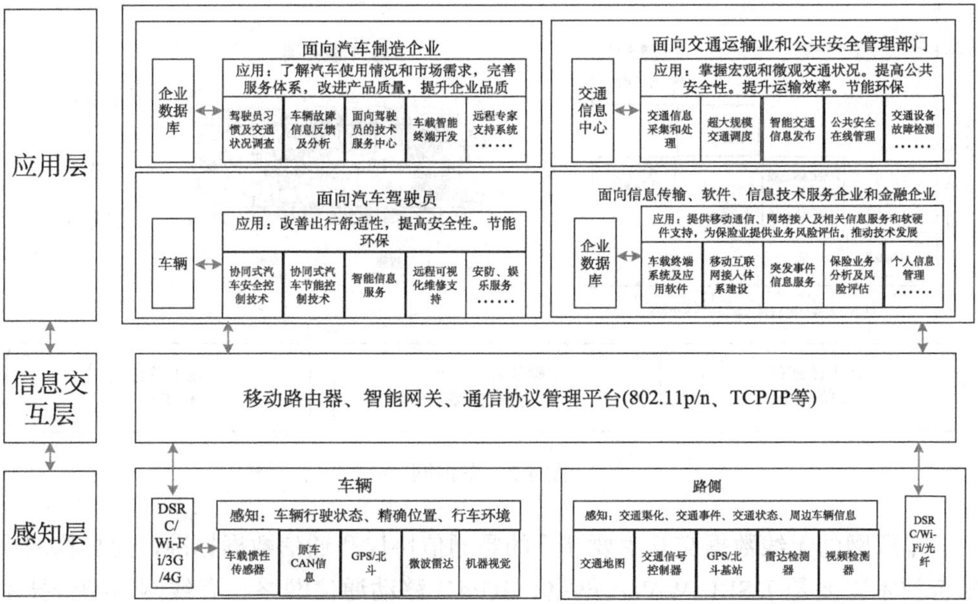

图 4-1　车联网层次图

4.1.2　车联网关键技术

车联网的关键技术主要有车内网络技术、面向车联网的无线数据交互及异构网络融合技术、高精度定位和地图技术、基于车联网的车辆智能感知和控制技术、基于车联网的信息服务平台。

1. 车内网

车内网是应用成熟的车载总线技术实现车内各总成部件有序接入和信息共享的标准化网络（图4-2）。主要有智能电力网（电力接入）、车载物联网（信息共享）、车载终端（车内网的人机交互、车内网与车外网互联）。

2. 面向车联网的无线数据交互及异构网络融合技术

车联网有多种不同的无线通信技术并存。不同的网络有不同的通信方式和特点，适用于不同的场景。为了达到信息共享的目的，车载网中的很多信息需要在不同的网络中传递。另外，车辆作为一个移动单元，在移动过程中将发生水平切换和垂直切换，也需要进行移动性管理。因此，需要在车联网环境下考虑异构无线网络的融合，实现无缝的信息交换和无缝的切换需求。

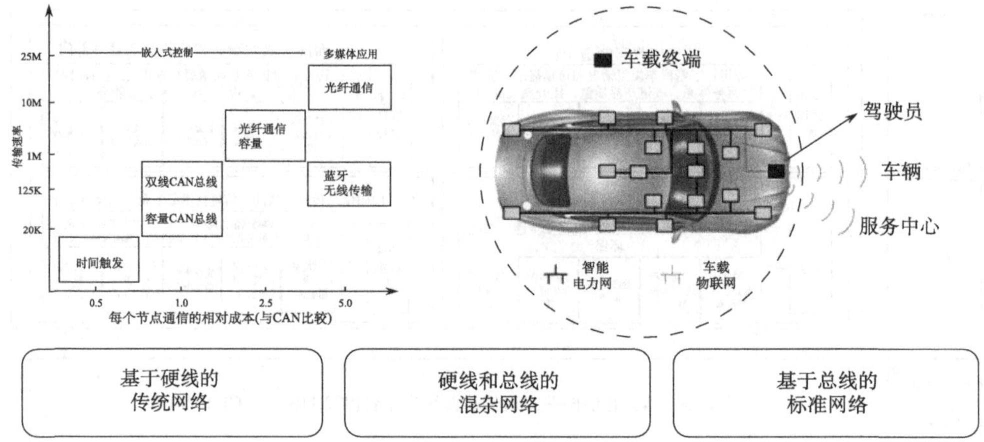

图 4-2　车内网

车联网的无线数据交互主要涉及的是通信协议和通信数据标准，而异构网络融合技术主要是 DSRC/WAVE 网络、3G/4G 移动通信网络、有线网络融合技术（图 4-3）。

图 4-3　数据交互与融合

3. 高精度定位（DGPS、WLAN、RFID）和地图技术（ADAS MAP/LDM）

车联网中，车辆节点感知和交换的数据必须与位置相关，没有与位置关联的车辆节点信息是没有价值的。可以说车辆的定位和位置感知技术是车联网的技术核心，不仅关系到车辆行驶过程中的安全，而且影响着车联网的发展前景。并且车联网的实现尤其是高级驾驶辅助系统（advanced driver assistant system，ADAS）还需要有详细的地图数据基础。未来智能汽车会高度依赖地图。除了需要安装大量的传感器外，汽车必须内置高精度地图，这样才能做到汽车未启动时就能了解所有道路周边情况。

高精度定位方法主要有 DGPS、WLAN、RFID（图 4-4）。

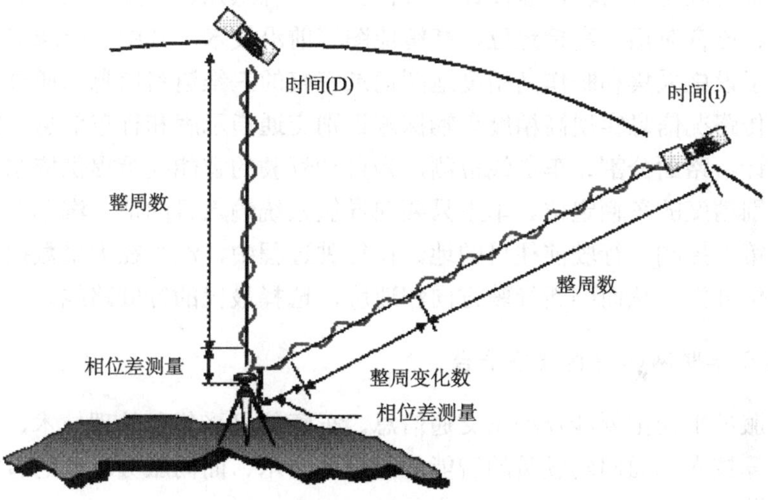

图 4-4　定位系统

DGPS（differential global positioning system），即差分全球定位系统，方法是在一个精确的已知位置（基准站）上安装 GPS 监测接收机，计算得到基准站与 GPS 卫星的距离改正数。

WLAN（wireless local area network），即无线局域网络。由于 GPS 技术的使用需要对卫星信号进行捕获和接收，而卫星信号在高楼林立的密集城区或室内环境中易被建筑等各种障碍物所阻挡，所以 GPS 终端在此类环境中接收卫星导航电文数据易于缺失，效果较差。另外，无线电信号遇到建筑物、车辆以及其他物体时会发生反射，造成多径效应，从而导致多路信号同时到达接收天线，使得接收端难于筛选出有效信息完成精确的测量和计算准确的位置。相比之下，WLAN 用户凭借轻量级可移动的计算设备，在 WLAN 灵活高效的网络覆盖下，可以获得更高质量的接入。所以 WLAN 定位系统测量的无线信号强度受到障碍物的影响较小，可以满足密集城区、室内等环境下对信号强度的要求。

RFID（radio frequency identification）技术，又称无线射频识别，是一种通信技术，可通过无线电信号识别特定目标并读写相关数据，而无需识别系统与特定目标之间建立机械或光学接触[2]。

4. 基于车联网的车辆智能感知和控制技术

智能感知和控制技术，包括车辆状态感知技术、道路与交通环境感知技术、驾驶员状态感知与行为分析、车辆智能控制技术等。

车辆智能感知和控制技术主要依靠车内的传感器和以计算机系统为主的智能驾驶仪来实现无人驾驶，涉及计算机视觉、环境感知、决策规划、智能控制、传感融合、语音对话、高精定位、高精地图等前沿技术。其中，全球卫星导航和雷达等电子设施采集和制作高精度地图记录完整的三维道路信息，通过传感设备和相机上传路况信息实现高精度车辆探测识别交通指示牌和行车信息，跟踪距离和速度估计、路面分割、车道线检测，为自动驾驶的智能决策提供依据，从而实现厘米级别精度的车辆定位。车主只要向导航系统输入目的地，汽车即可自动进行智能决策与控制，行驶前往目的地。在行驶过程中，汽车在大量数据基础上进行实时定位分析，从而判断行驶方向和速度，选择最优的行驶路线。

5. 基于车联网的信息服务平台

信息服务平台主要涉及动态交通信息、车辆信息采集和处理技术、基于车联网的云计算技术、面向驾驶员的智能信息服务技术、面向服务对象的智能数据挖掘技术（图 4-5）。

图 4-5　车联网信息服务平台

根据车联网的技术特点，其主要有以下三个应用方向：

一是安全，提供智能安全控制系统，提升出行舒适性，保障车辆、非机动车、行人等交通参与者的出行安全，车联网技术有助于减少 80%的道路交通事故（图 4-6）。

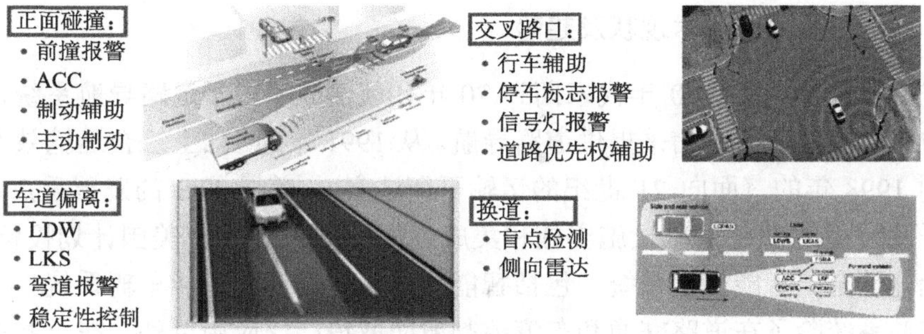

图 4-6　车联网的安全

二是节能，优化出行线路和驾驶行为，提高交通管理和控制效率，建立生态友好型交通系统，节能环保（图 4-7）。

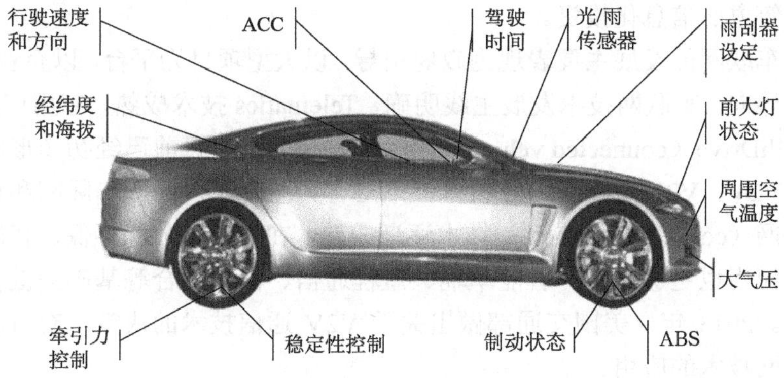

图 4-7　车联网车辆

三是便捷，面向不同的对象，建设不同的信息服务系统，满足多样化的服务需求，例如：导航信息、安保信息、娱乐信息、交通信息、天气信息、驾驶员特性信息等。

车联网为交通管理机构提供的服务，极大地提高了实时交通、通行、停车和道路条件信息的数量和质量；更高效地管理运输系统；为城市交通规划提供支持，同时为消费者提供出行方式实时路径规划等信息支持。

4.2 车联网的技术现状及趋势

4.2.1 美国车联网的技术现状及趋势

美国早在 20 世纪 60 年代末期到 70 年代就建立了电子道路导航系统，运用道路与车辆间的双向通信来提供道路导航。从 1991 年的《陆上综合运输效率化法案》到 1998 年的《面向 21 世纪的运输平衡法案》，美国 ITS 的发展重点由 ITS 研究开发转移为 ITS 基础设施实施和集成。从 2002~2011 年美国计划投资 2000 亿美元建造全国智能交通系统，包括智能交通基础结构和智能车辆系统。美国的智能交通系统除了在道路交通和车流控制方面取得广泛应用以外，在公共汽车信号优先以及商用车辆运行管理方面也得到了相当大的成功。美国交通部 2009 年启动了 IntelliDrive 计划，研究内容主要覆盖了车载通信及其安全应用等方面，为美国实施下一代 ITS 的重要战略目标打下基础。美国在上述车联网方面的发展拉动了交通监测设备、数据处理软件、控制设备、出行信息发布平台、通信设备服务、汽车服务等方面信息化投资。

美国车联网的发展主要表现为政府引导，以大型项目为平台，以企业为支撑，以市场为导向。车联网技术发展主线明确，Telematics 技术成熟，应用广泛，IVI、VII、IntelliDrive（connected vehicle）项目传承有序[3]。目前已经初步形成了车联网框架，V2V、V2I、Telematics 技术逐渐融合。基于车内网、车际网和移动互联网的车联网（connected vehicle）技术逐渐成熟，在安全、节能环保、智能信息服务方面的应用也更加丰富。智能车辆、短程通信、信息融合等基础关键技术也取得了突破。2013 年，美国交通部做出关于 V2V 通信技术的决策，有可能大规模推广车联网技术的应用。

4.2.2 欧盟车联网的技术现状及趋势

欧盟 2001 年启动的 eSafety 计划，利用现代通信技术，加速发展智能化安全系统，以降低汽车事故的发生率与伤亡率。从 2004 年开始相继实施 eSafety 中的 ABS、ESP、eCall、CVIS、碰撞预防、智能速度管理等一系列技术与子计划。2006 年启动的 CVIS 计划耗资 4400 万欧元，主要目的是设计、开发和测试为了实现车辆之间通信以及车辆与附近的路边基础设施之间通信所需的技术，旨在提高旅客和货物的移动性以及道路交通运输系统的效率。2009 年欧盟通过一份政策文件，要求 27 个成员国的政府及相关行业加紧落实 eCall 计划。根据欧盟规定，2013~2015 年，所有新车须将 eCall 作为标准配置。这套跨欧洲紧急系统有助于紧急救援服务快速可靠地抵达事故地点。据估算，eCall 每年将会为欧洲节约 260 亿欧元。

欧盟的车联网项目主要有 INTERSAFE 和 eCoMove。INTERSAFE 项目旨在开发和演示协同交叉口安全系统（CISS），汽车装备了车载传感器系统，与交叉口的路侧设备通过车路网络通信，开展了车联网技术在交叉口的安全应用研究[4]。eCoMove 通过将 V2V、V2I、Telematics 进行集成，开发高效节能的驾驶行为和交通管理、控制方法，通过车联网技术减少交通燃油消耗量的 20%[5]。

欧盟车联网的发展现状是在欧盟框架体系下，建立了比较统一的车联网标准和技术体系，同时也协调了欧洲地区车联网发展的整体节奏。在欧盟支持下，（车车、车路）短程通信技术、车内信息采集和融合技术、数字地图、高精度定位、车载信息服务技术等车联网相关基础关键技术得到了较好的发展。车联网发展的技术基础已经初步具备。在一些汽车企业的新产品规划中，V2V、V2I 与 Telematics 技术逐渐融合，车联网系统雏形初现。大型汽车企业引导了车联网的应用。

4.2.3　日本车联网的技术现状及趋势

日本是全球车联网的先行者。1981 年本田汽车公司与日本消费电子厂商阿尔派合作共同研发，推出了世界第一款陀螺仪车载导航，并搭载在销量经久不衰的雅阁汽车上，开启了汽车电子化、娱乐化和移动互联网化之门。1997 年本田公司又在车载导航上，率先推出了车联网服务 Internavi，与移动互联网相融合，增强汽车用户的黏性。汽车巨头丰田和日产公司也相继开始自己的车联网服务 G-book 和 CARWINGS。日本车联网发展的几个重要阶段可以概括如图 4-8 所示。

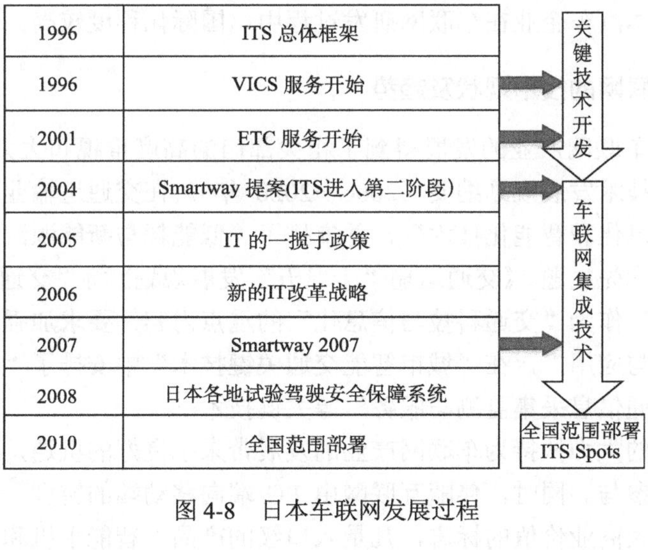

图 4-8　日本车联网发展过程

Smartway 利用多种通信方式，集成了 ETC、VICS、车载导航、Internet 连接、驾驶辅助系统，在 OBU（on board unit）上能够实现信息服务、网络服务、收费服务等功能，是车联网技术的发展方向[6]（图 4-9）。

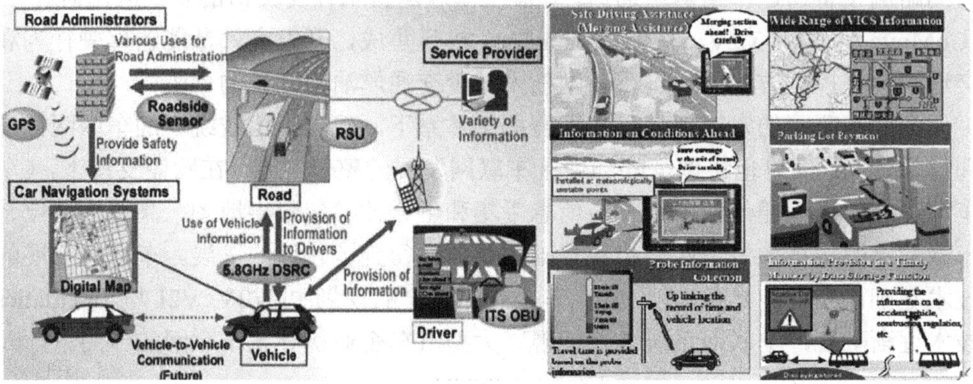

图 4-9　Smartway 系统结构和服务内容

总的来说，日本车联网的发展特点主要有：日本政府、ITS 协会、研究机构以及汽车企业配合较好，制订了切合实际 ITS 的及车联网发展规划；日本车联网关键子系统技术产业化程度高，企业作用很大，技术的市场化程度很高。在车辆安全、信息服务、ETC 技术上已经取得极大成功，日本汽车企业正在引导车联网技术的发展及应用，车联网已经超越了原有的信息服务的范畴，基于 V2X 概念的车联网雏形初现。车联网的目标在信息服务外，更多瞄准了行车安全以及交通问题的解决；日本汽车企业在车联网研发过程中，国际化程度较高。

4.2.4　中国车联网的技术现状及趋势

在我国，车联网产业的发展得到了相关部门的高度重视和大力支持。《国家中长期科学和技术发展规划纲要（2006—2020 年）》在交通运输业中指出要“发展交通系统信息化和智能化技术”，并安排了“低能耗与新能源汽车、智能交通管理系统”等优先主题。《交通运输“十二五”发展规划》将“交通安全、节能环保、智能交通”作为“交通科技与信息化”的重点内容，要求加强“新一代智能交通技术开发与应用”，在“城市智能交通关键技术”中安排了“智能车载终端设备、公共交通信息采集监测与服务”等关键技术[7]。

国家政策的大力扶持为车联网产业的发展带来了良好的机遇，也吸引了产业链各方的积极参与。同时，伴随互联网由 PC 端向移动端的转型，移动互联网的入口正成为巨大商业价值的标志，凡是入口级的产品如智能手机和平板电脑等的市场竞争均已白热化。汽车作为新的移动互联网载体和移动应用场景，还没有被深度挖掘，发展潜力巨大。这使得产业链下游的互联网企业、应用开发商、服务提供商和内容提供商等，产业链上游的整车厂商和终端设备制造商等，以及为整个产业提供网络连接的电信运营商都纷纷发力试图主导车联网产业。

在科技公司、互联网巨头以及应用软件开发商等发展车联网方面，正在加快融合和跨界服务。2014 年成为我国车联网发展元年。2014 年 4 月，百度推出了以搜索为关键要素的 Carnet 车载系统，为用户提供地图位置搜索、语音搜索等服务。5 月，腾讯推出了首款车联网入口级产品“路宝盒子”，通过统一的 OBD（车载自动诊断系统）收集车辆的基本数据和行驶数据，将分析结果通过手机应用反馈给用户，还与保险公司合作为汽车用户提供车辆救援以及维修保养的落地服务。同月，腾讯还收购了中国最大的数字地图内容和基础数据提供商，进一步增强了其在智能导航和提供基于地理位置服务等方面的能力。

在电信运营商发展车联网方面，正积极推进其车联网业务商业化进程。GSM 协会早在 2011 年就成立了车联网论坛（CCF），旨在推动车联网在全球范围内的发展。CCF 的成员包括了世界各国的电信运营商和知名汽车品牌厂商。我国电信运营商也加入了 CCF，加快车联网通信的研发步伐。此外，三大电信运营商也分别推出了其各自的车载信息系统，以整合产业链上下游的资源。车载联网的实现有助于电信运营商拓展其现有的付费网络业务，车联网作为移动互联网的新入口将为网络运营商带来新的流量收入和业务增长。

4.3　我国车联网发展存在的问题

4.3.1　国家及行业发展战略不够明确

目前国内还未制定明确的车联网发展战略，政府导向作用的发挥还不够充分，行业缺乏有效的组织。

发展目标、发展政策、治理结构、管理体制、协作机制、商业运行模式都需要去探索。国内特色与国际接轨尚未有机结合。

1）车联网在中国尚未形成产业链

管理部门：车联网技术涉及汽车、交通、IT、通信等领域，存在多头管理的问题，缺乏统一的协调机制。

整车厂：缺乏主动引领车联网技术发展的热情，被动跟随。

IT 企业：侧重通信及信息服务，而对车辆安全和节能方面的需求了解不够，在车载终端开发时与整车厂的联系不够密切。

交通运输企业：在信息服务、交通安全和节能上有需求，但是看不到车联网明显的效果，对应用可靠性和服务的费用存在疑虑。

汽车驾驶员：对终端的更新频率和服务的多样化需求使其更加依赖于后装市场，对服务的费用存在疑虑。

2）车联网盈利模式

服务内容单一，同质化严重。现有的车联网更多停留在 Telematics 服务范畴，系统服务内容价值不高，服务缺乏黏性，同时系统开放性不强，无法有效利用云端服务。

技术水平参差不齐，服务质量不高。低端的车载终端产品充斥市场，使市场陷入低价低质竞争循环，不利于企业提高产品品质，提升服务质量。

盈利模式不可持续，缺乏规模效应。硬件、服务、运营等环节节点不够清晰，市场容易陷入主机厂不愿买单、运营商不能免费、用户不想续费的死循环。

4.3.2　车联网相关技术标准滞后

缺乏全局性的政策及行业标准，车联网的发展实际上处于相关企业各行其是、自行发展的阶段。例如目前标准协议还不完善：①标准协议不健全。目前研究的标准协议大都用于解决车与车、车与基础设施的通信，而车与人、车与控制中心的通信标准还不多。②标准还不完善。比如 IEEE 802.11p 协议还处于起步阶段，还需修正完善。③还没有形成一个成熟的、统一的国际标准。目前的标准协议都是各国或者产业联盟提出的，没有形成国际认可的统一标准协议。④与互联网协议的转换问题。为了安全自主，目前的车联网没有直接采用 TCP/IP 协议，车联网接入互联网是未来的发展趋势，将面临着协议转换问题。

针对车载终端、通信协议、测试评价以及其他关键技术，需要制定统一的标准，以利于技术的发展。

4.3.3　关键技术尚需协同突破

车载终端的技术长期定位在娱乐、导航、安防等领域，与汽车自身的安全和节能需求联系不够密切，国内企业在之前的技术积累不够，技术发展空间受限。

关键技术的研究有待促进，市场培养和基础建设均不能满足车联网的大规模发展，整体配套滞后于当前形势。

4.3.4　成本昂贵

与车联网相关的设施建设花费巨大，比如要建立一个巨大的无线网络，将需要耗费巨资，这无疑是车联网发展过程中的一个瓶颈。车联网在应用过程中还会出现不少新的问题。例如，车联网在推广中还面临技术不完善、存在利用技术壁垒进行恶性竞争的情况、知识产权保护、法律法规跟进等方面的问题。

4.4　我国车联网发展的机遇与挑战

4.4.1　我国车联网发展的机遇

车联网在国内的发展可谓是顺应着时代的潮流，不仅有政策的支持，更是得到了各种厂商诸如车企、运营商、硬件设备制造商等的支持。

1）政策支持

2010 年温家宝总理在十一届全国人大三次会议上第一次在政府工作报告中提及物联网。温总理指出大力培养战略新兴产业，积极推进“三网”融合取得实际性进展，加快物联网的研发应用，转变经济发展方式刻不容缓。经过两年的酝酿和发展，物联网已初具规模。2012 年“两会”的政府工作报告中，物联网再次被提为战略新兴产业。2013 年 2 月，国务院正式出台《国务院关于推进物联网有序健康发展的指导意见》，将车联网使用作为物联网的核心应用来扶持；2015 年，国务院提出了“互联网+”概念,其指导意见中明确了 11 项重点行动,就包括“互联网+”高效物流、“互联网+”便捷交通等。这也就明确了国家政策对于车联网发展的支持[8]。

2）企业的支持

车企和运营商、硬件厂商的深度合作，在一定程度上促进了车联网的发展。例如，北汽产投和永太科技合作。北汽产投车联网出资团队依托北汽集团的技能和工业布局，已先后在车载终端制作、TSP 服务、车载信息内容提供商、UBI 大数据分析、智能驾驶以及互联网轿车等车联网细分领域展开投资，其打造的车联网生态圈也已初具规模。中国联通和飞驰镁物（北京）信息服务有限公司合作，双方将在以汽车车载信息服务为核心的汽车服务领域开展深入合作，并将致力于建立有中国特色的车联网应用标准。诸如此类的合作还有很多，这都为车联网的发展奠定了基础。

3）行业机遇

据专家估计中国 5 年内将形成 1000 亿元人民币的车联网市场。车联网的发展将给与之相关的各个行业带来巨大的机遇。制造业方面，车联网将为车辆赋予更高的附加值；信息行业方面，车联网将促进更精确可靠的数据和信息的获取；移动运营商方面，车联网将带动车辆的无线连接和应用软件方面的需求；网络解决方案运营商方面，车联网将带动云连接的需求；系统解决方案运营商方面，车联网将增加分布式超级计算/云计算方面的需求。

4）时代的需求

我国车联网的发展可谓顺应时代的潮流。根据公安部交管局公布的数据，截至 2014 年年底，我国机动车保有量达 2.64 亿辆，其中汽车 1.54 亿辆。机动车数量的迅速增加，导致了道路拥堵、交通事故频发、环境污染等一系列问题，这时就亟须构建一个安全舒适的出行环境，车联网应运而生。

4.4.2 我国车联网发展的挑战

近年来，我国车联网有了一定的发展，但却很难有大的突破。究其原因，是车联网发展过程中存在机遇的同时也存在着诸多挑战。

首先是缺少行业技术标准。目前市场上，车联网各个地方的标准不统一，各个地方都在按照自己的标准构建车联网。这种现象带来的后果就是系统的不兼容和资源浪费，各家车企闭门造车，这就导致了很难实现车与车之间真正的联通和通信，也就很难促进车联网的进一步发展。

其次是技术瓶颈的限制。目前市场上有很多车联网产品，涉及方面也较广，诸如导航、定位、娱乐等方面，但是在国内像自动驾驶等高技术层面的车联网产品较少。这就需要突破技术瓶颈，加大研发力度和投入来提高车联网产品的技术水平。

再次是车联网的安全隐私令人担忧。这里的安全不仅仅是指人身、车辆的安全，同时也包括车上人员的信息隐私安全。根据一些外媒的报道：采用互联网车载平台的汽车，如果存在漏洞，极有可能被黑客入侵，从而失去汽车的控制权，克莱斯勒因此已经在美国召回 140 万辆汽车，损失惨重。但是，这还不是最可怕的，一些具有联网设施的加油站，也极有可能遭到攻击，造成无法挽回的损失。此外，在车联网中，车主的诸如行程路线、个人爱好等隐私也存在泄露的安全隐患。

最后是车联网的商业模式尚不明确，盈利模式不清晰。目前车联网的参与者很多，诸如汽车厂商、地图厂商、硬件设备厂商，甚至一些软件厂商、运营商等，但是因为没有明确的产业链，没有明确的商业模式，缺少清晰的盈利模式，各家厂商的资源很难整合到一起，也很难真正地推动车联网的发展。

4.5 我国车联网发展展望

车联网的发展远景可以概括为三部曲。

第一部是动态感知。通过车载的 GPS、道路上的感应线圈、微波雷达、手机等，让交通管路部门的控制中心“感知”到车辆的位置、流量等信息。

第二部是主动规划与管理。有别于传统的被动规划与管理，通过动态感知数据，系统能够在交通问题发生前，对交通做出规划与管理。

第三部是人-车-路协同、管理、服务。采用先进的无线通信和新一代互联网等技术，全方位实施车车、车路动态实时信息交互，并在全时空动态交通信息采集与融合的基础上开展车辆主动安全控制和道路协同管理，充分实现人车路的有效协同，保证交通安全，提高通行效率，从而形成安全、高效和环保的道路交通系统。

2015 年 5 月 22 日，工信部发文解读《中国制造 2025》，从国家战略、现存问题、战略目标、重点领域多层次、全方位强调节能与新能源汽车是汽车制造强国的必由之路。按照规划，2025 年，中国自主品牌新能源汽车年销量将达到 300 万辆，在国内市场占 80%以上。而在智能网联汽车方面，2025 年，我国将掌握自动驾驶总体技术及各项关键技术，建立较完善的智能网联汽车自主研发体系、生产配套体系及产业群，基本完成汽车产业转型升级。未来我国的车联网将是环保、安全和高效的[9]。

2025 年新能源的智能网联汽车将普及。到 2020 年/2025 年，乘用车（含新能源）新车整体百公里油耗降至 5L/4L，商用车油耗达到国际先进水平。装备自动驾驶系统的智能网联汽车，包括结构化道路下和各种道路下的自动驾驶系统，可执行完整的安全关键驾驶功能，在行驶全程中检测道路状况，可实现完全自动驾驶。无人驾驶最高安全车速达到 120km/h，综合能耗较常规汽车降低 10%以上，减少排放 20%以上，减少交通事故 30%以上，减少交通死亡人数 10%以上，普通道路的交通效率提高 80%[10]。

思　考　题

1. 查阅相关资料，简述车联网技术将对城市交通控制所带来的影响。

2. 自动驾驶环境下的电车困境：一个疯子把五个无辜的人绑在电车轨道上。一辆自动驾驶的电车朝他们驶来，车辆来不及刹车，并且片刻后就要碾压到他们。幸运的是自动驾驶的电车可以切换轨道，让电车开到另一条轨道上。然而问题在于，那个疯子在另一条电车轨道上也绑了一个人。考虑以上状况，你认为自动驾驶的电车该做什么决策？

3. 随着自动驾驶技术的发展，你认为自动驾驶汽车的编程伦理学问题该如何去解决？

参 考 文 献

[1] 诸彤宇，王家川，陈智宏. 车联网技术初探[J]. 公路交通科技(应用技术版)，2011，(5):

266-268.

[2] Vrba P, Macůrek F, Mařík V. Using radio frequency identification in agent-based manufacturing control systems[J]. International Conference on Industrial Applications of Holonic and Multi-Agent Systems, Spring, 2005, 3593:176-187.

[3] Breed D S. Telematics system for vehicle diagnostics: U.S. Patent 6738697[P]. 2004-5-18.

[4] Fuerstenberg K C, Roessler B. Advanced intersection safety—the EC project INTERSAFE[C]// 2006 IEEE Intelligent Vehicles Symposium. IEEE, 2006: 89-93.

[5] Vreeswijk J D, Mahmod M K M, Van Arem B. Energy efficient traffic management and control-the eCoMove approach and expected benefits[C]//Intelligent Transportation Systems (ITSC), 2010 13th International IEEE Conference on. IEEE, 2010: 955-961.

[6] Fujimoto A, Sakai K, Ogawa M, et al. Toward realization of Smartway in Japan[C]//15th World Congress on Intelligent Transport Systems and ITS America’s 2008 Annual Meeting,2008.

[7] 交通部. 交通运输 “十二五” 发展规划. 综合运输，2011, (6): 60-84.

[8] 国务院. 国务院关于推进物联网有序健康发展的指导意见 [EB/OL]. www. gov.cn/zwgk/ 2013-02/17/content-2333141. htm [2016-8-10].

[9] 黎丽, 谢伟, 魏书传, 等. 中国制造 2025[J]. 金融经济, 2015,(13): 4.

[10] 于占波. 工信部:解读《中国制造 2025》规划系列之推动节能与新能源汽车发展[J]. 商用汽车, 2015, (6): 23-26.

第5章 智慧高速公路

智慧高速公路是大数据时代的高速公路新形态。它基于智慧理念，运用物联网、云计算等先进技术，通过对高速公路核心系统各项关键信息的感知、分析、挖掘，响应高速公路使用者和管理者的各类需求，从而实现高速公路的健康、和谐、可持续发展。

智慧高速公路是一个不断发展、不断完善的过程，是基于高速公路现有基础，利用新技术和现代化手段不断推陈出新的过程。不存在一个终极的智慧状态，或者达到某些指标就是智慧高速公路，随着技术进步和认识提升，智慧高速公路会不断丰富其内涵。因此，对智慧高速公路更加贴切的理解应当是“intelligenter/smarter highway”——一个更加智慧的高速公路，一个不断利用新技术、新手段、新机制、新体制，对各类资源进行科学配置，实现智慧管理和智慧服务的高速公路。

智慧高速公路囊括了营运管理智能化、驾驶技术智能化、机电设施智能化、材料设计智能化等高速公路信息化的多个侧面。

5.1 智慧高速公路的概念

5.1.1 高速公路营运管理信息化内涵

高速公路营运管理信息化是信息时代一种全新的高速公路管理形态，以业务管理流程为依托，以信息和知识资源整合开发为核心，以提供安全、畅通、多元和个性化出行信息等公众服务为目的，实现不同层面、不同管理单元之间的信息高度集成与共享，能够为高速公路管理企业经营管理提供完善的信息支撑和服务。

具体来说，高速公路营运管理信息化是以高速公路日常营运管理工作为主要服务对象，以计算机网络与通信技术为基础，通过系统的集成，实现路网、路段信息资源共享与综合信息智能化处理，实现路网级高速公路管理机构、路段管理机构、收费站各级业务的交通监控信息、视频信息、收费信息、路政和养护等信息的综合处理，并为公众出行提供信息服务[1,2]。

5.1.2 高速公路营运管理信息化意义

高速公路营运管理信息化系统的建设可以实现各级高速公路管理公司对交

通监控信息、路政养护信息和收费信息等的综合处理，提高对紧急情况的响应能力，加强信息服务，为高速公路的科学发展和规范管理提供良好的基础。具体来说，高速公路营运管理信息化系统的建设可以实现以下功能[3-5]。

1）信息共享

信息化系统建设涵盖了高速公路营运管理的关键业务，能够解决高速公路营运管理中部分环节存在的相互之间在功能上不关联互助、信息不共享互换以及信息与业务流程和应用相互脱节的“信息孤岛”，达到信息资源的高度集成和共享，做到信息一体化服务，提高信息资源的利用率[6]。

2）辅助决策

基于日渐成熟的物联网技术和云技术，通过利用数据仓库、数据融合技术，结合决策者的需求，对海量数据进行存储、挖掘和分析，帮助决策者制定科学的决策。

3）主动响应

通过对高速公路运行情况的实时监控和广域的信息共享，能够获取高速公路交通运行和运行环境等的实时变化，通过对数据的融合、处理和分析，能够及时发现高速公路异常情况，做到预警信息的及时发布和救助的及时实施。

4）完善服务

信息化系统汇集高速公路运行过程中的实时信息，系统的建设能够实现从公众需求的角度出发，能够通过网站、微博、微信、手机、广播等发布工具，提供实时化、差异化、个性化的信息服务，提高了服务质量和服务效率。从公众需求的角度出发，也体现了以人为本的思想[8,9]。

5.2　智慧高速公路的构成及功能

在理清路网管理机制、运营与服务智能化平台子系统之间关系以及路网与路段之间关系的基础上，以江苏省的智慧高速建设为例，对智慧高速的构成以及功能展开描述。江苏省智慧高速建立了包含“一个中心、两大平台”的高速公路运营与服务智能化平台的路网层框架，包括云计算数据中心、指挥调度平台和公众服务平台[10,11]，如图 5-1 所示。

信息采集系统是整个运营与服务智能化平台的前端组成部分，是指挥调度和公众服务应用的重要基础。

信息采集系统包括路网层采集系统和路段层采集系统。路网层采集系统采集的数据直接上传至联网中心的云计算数据中心。信息采集系统应用手机信令系统、卫星定位、视频检测器、车辆检测器、气象检测器等应用或设施，全面收集交通运行、突发事件、路网环境、基础设施、应急资源等数据，实现江苏省全路网的交通运行状态、路网环境和调度资源等信息的动态感知，为云计算数据中心的存储处理、指挥调度和公众服务的应用提供充分的数据支撑。路段层采集系统采集的数据上传有三种方式：交通部交调检测数据直接上传至云计算数据中心；视频数据直接上传至路段数据中心，联网中心按需调取；其他路段数据不仅传送至路桥公司的路段数据中心，还实时传送至云计算数据中心[12,13]。

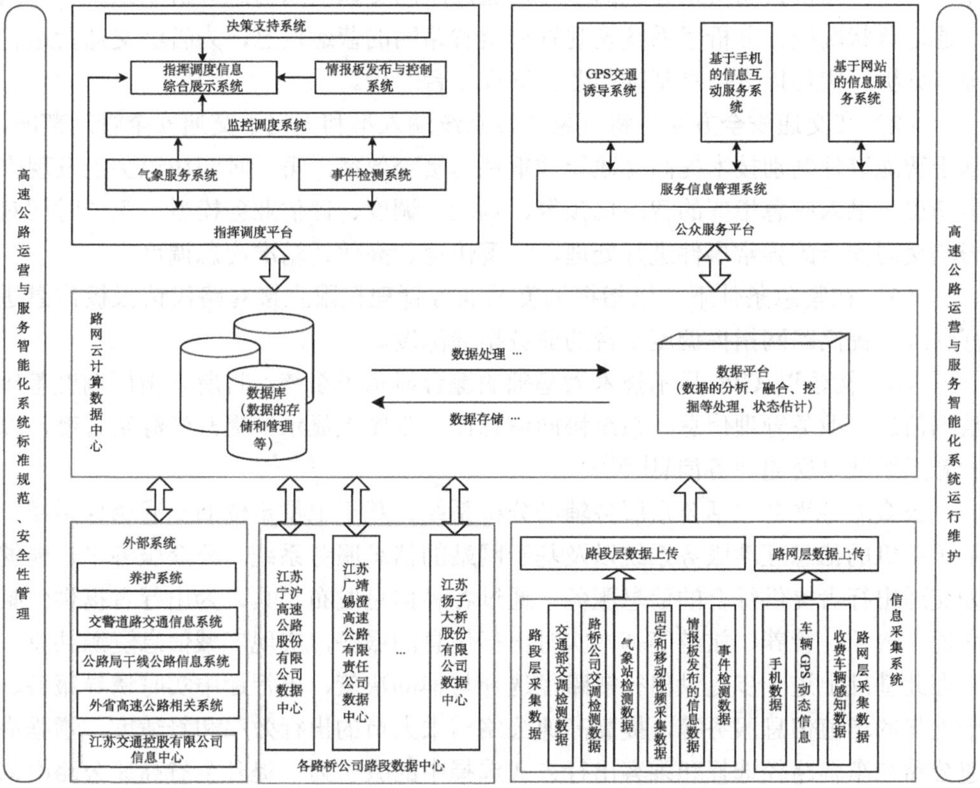

图 5-1　运营与服务智能化平台路网层框架

云计算数据中心的建设是运营与服务智能化平台设计的核心，包含数据整合存储、数据融合等信息分析处理和信息共享交互功能，实现各业务系统之间的数据共享与信息集成，为营运管理提供有效的数据支持。云计算数据中心总体可分为：数据仓库、交互共享处理平台、运行维护系统、安全性管理系统和云平台。数据仓库主要实现数据存储管理等功能；交互共享处理平台实现数据融合、交通状态估计与预测、数据共享、数据归档、数据接口等功能；运行维护系统保障智能化平台硬件运行情况、数据库运行情况、数据质量情况；安全性管理系统从物理、主机、网络、应用和数据等方面保障系统的安全；云平台为云计算数据中心重要系统提供备份系统。

指挥调度应用平台，以信息采集系统和云计算数据中心为基础，为全省高速公路交通营运与安全业务提供强有力的应用服务支持，提升交通营运管理的“流程化、智能化、精准化、科学化”水平。平台功能主要有以下几方面的特色[7]：

（1）在交通营运方面，指挥调度平台提供路网交通运营状态监测与分析功能，构建与路桥公司营运管理的纽带，通过路网交通状态信息分析子系统、路网交通运营状况统计分析子系统宏观管理全省路网的营运信息，为省级交通营运管理、分析、优化提供信息基础和业务管理平台[14,15]。

（2）在交通安全方面，将气象预警系统纳入不利天气下交通安全管理范畴，基于智能事件判别技术提高交通异常事件的接警效率，第一时间在源头上发现安全隐患。融入应急指挥的智能化预警、响应、调度、评估业务模型，第一时间对影响交通安全的异常事件进行处理，实现快速、高效、精准应急调度。

（3）在紧急条件下，以指挥调度的业务管理权限直接对路段情报板信息进行管理，提高路网指挥调度平台的业务指导深度。

（4）构建以 GIS 显示技术为基础的综合显示子系统，将所有指挥调度基础数据信息、业务管理信息、系统协同信息在一张图上显示，提升资源聚合度，以一套系统共享交通业务信息[16,17]。

公众服务平台包括公众服务辅助分析系统、基于卫星定位的交通诱导系统、基于手机的信息互动服务系统以及基于网站的信息服务系统。公众服务平台能够为交通出行者提供综合的信息服务，通过各种信息发布工具，为出行者提供包括交通、气象、管养、旅游等基本实时出行信息的服务，实现广域信息资源共享，并在此基础上进一步提供出行前路径选择与辅助决策、出行途中实时诱导服务、个性化的增值信息服务等，提高高速公路驾乘人员的出行效率和舒适度，增强高速公路在车辆路径选择和乘客出行方式选择中的吸引力，提升全省高速公路网的运营效益。

5.3　智慧高速公路智能化平台设计

5.3.1　数据流总体架构设计

云计算数据中心的数据交互共享对象包括信息采集系统、路网应用平台、路段数据中心和外部系统，如图 5-2 所示。信息采集系统将采集的多源信息，如图中的数据流 1，传送至云计算数据中心进行数据的融合、分析、处理等。云计算数据中心将传送来的数据进行分析、处理后，传送至路网应用平台，如图中数据流 2，由路网应用平台提供指挥调度和公众出行服务，同时路网应用平台将相关数据反馈回云计算数据中心，完成信息的共享和交互。云计算数据中心将处理后的数据传送至江苏交通控股有限公司信息中心、养护系统、城市道路相关系统、干线公路相关系统以及外省高速公路相关系统，如图中数据流 3，由外部系统提供相应的服务，同时将相关数据反馈回云计算数据中心，完成数据的交互和共享。图中数据流 4 则是云计算数据中心与各路桥公司的交互信息，云计算数据中心为各路桥公司的路段数据中心提供相关信息，以便其进行相应的指挥调度和公众出行服务；路段数据中心将处理后的数据传送至云计算数据中心，完成两级中心间的信息交互与共享[18,19]。

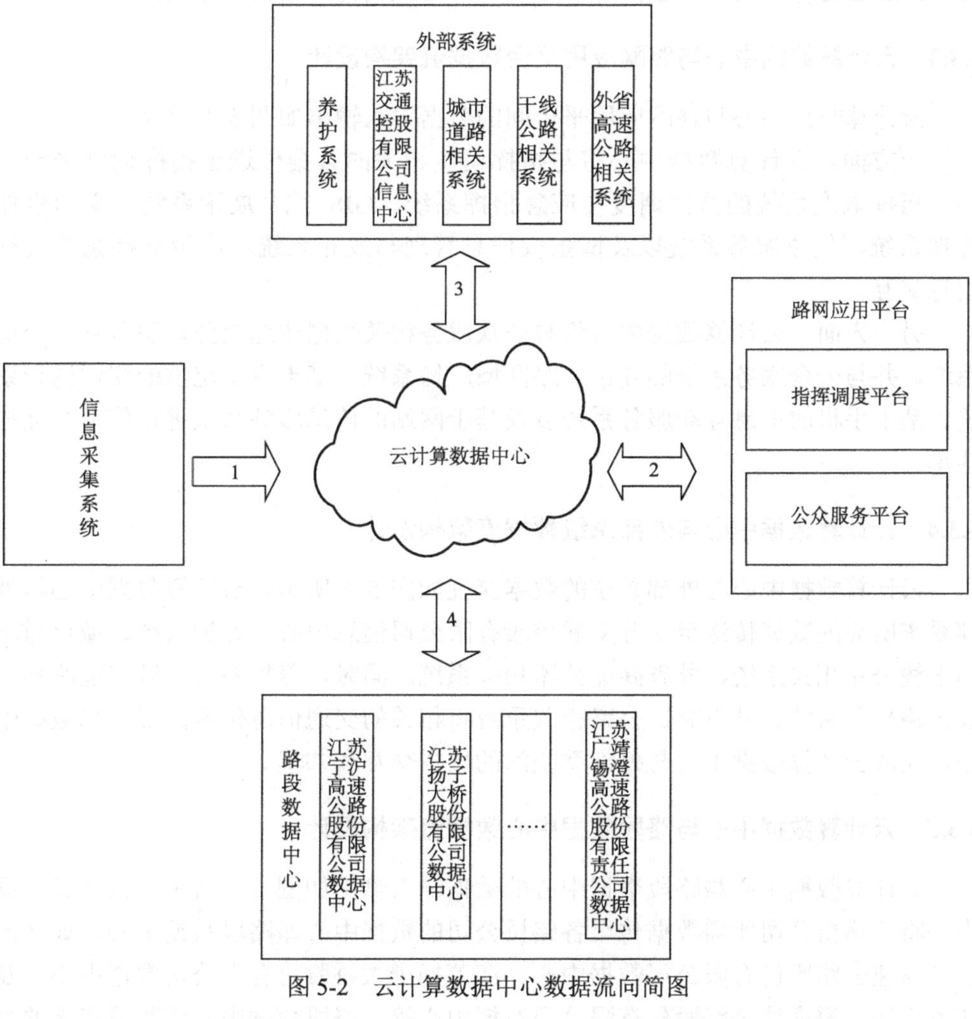

图 5-2　云计算数据中心数据流向简图

由图 5-2 可知运营与服务智能化平台总体数据输入输出可分为：信息采集系统数据流架构设计、云计算数据中心与路网应用平台数据流架构设计、云计算数据中心与外部系统数据流架构设计、云计算数据中心与路段数据中心数据流架构设计四类。

5.3.2　信息采集系统数据流架构设计

信息采集系统传送至云计算数据中心的数据流如图 5-3 所示，手机终端采集的信息、卫星定位采集的信息、ETC 等收费车辆移动感知信息，分别通过移动通信网络、卫星定位通信网络、收费网络直接传入云计算数据中心。路段层信息如交调信息通过骨干网，气象信息通过气象网络直接传送至云计算数据中心。

5.3.3　云计算数据中心与路网应用平台数据流架构设计

云计算数据中心与路网应用平台间的数据输入输出如图 5-4 所示。

一方面，云计算数据中心将与指挥调度相关的数据传送至指挥调度平台，并与指挥调度系统的监控调度与应急指挥系统、GIS 综合展示系统、交通事件管理系统、气象服务系统以及情报板信息管理与发布系统、决策支持系统进行信息交互。

另一方面，云计算数据中心将与公众服务相关数据传送至公众服务辅助分析系统，并与公众服务系统的高速公路区域广播系统、基于卫星定位的交通诱导系统、基于手机的信息互动服务系统以及基于网站的信息服务系统进行信息交互与共享。

5.3.4　云计算数据中心与外部系统数据流架构设计

云计算数据中心与外部系统的数据交互如图 5-5 所示。云计算数据中心将外部系统所需的数据传送至江苏交通控股有限公司信息中心、养护系统、城市道路和干线公路相关系统、外省高速公路相关系统。同时，养护系统、城市道路和干线公路相关系统、外省高速公路相关系统将相关的交通信息传送回云计算数据中心，完成云计算数据中心与外部系统间的数据交互和共享。

5.3.5　云计算数据中心与路段数据中心数据流架构设计

云计算数据中心与路段数据中心的数据输入输出如图 5-6 所示。云计算数据中心将各路桥公司所需数据传至各路桥公司的数据中心即路段数据中心，如江苏宁沪高速公路股份有限公司数据中心、江苏扬子大桥股份有限公司数据中心以及江苏广靖锡澄高速公路股份有限公司数据中心等。路段数据中心将其采集来的数据处理后，上传至云计算数据中心，完成两级数据中心间的信息交互及共享。

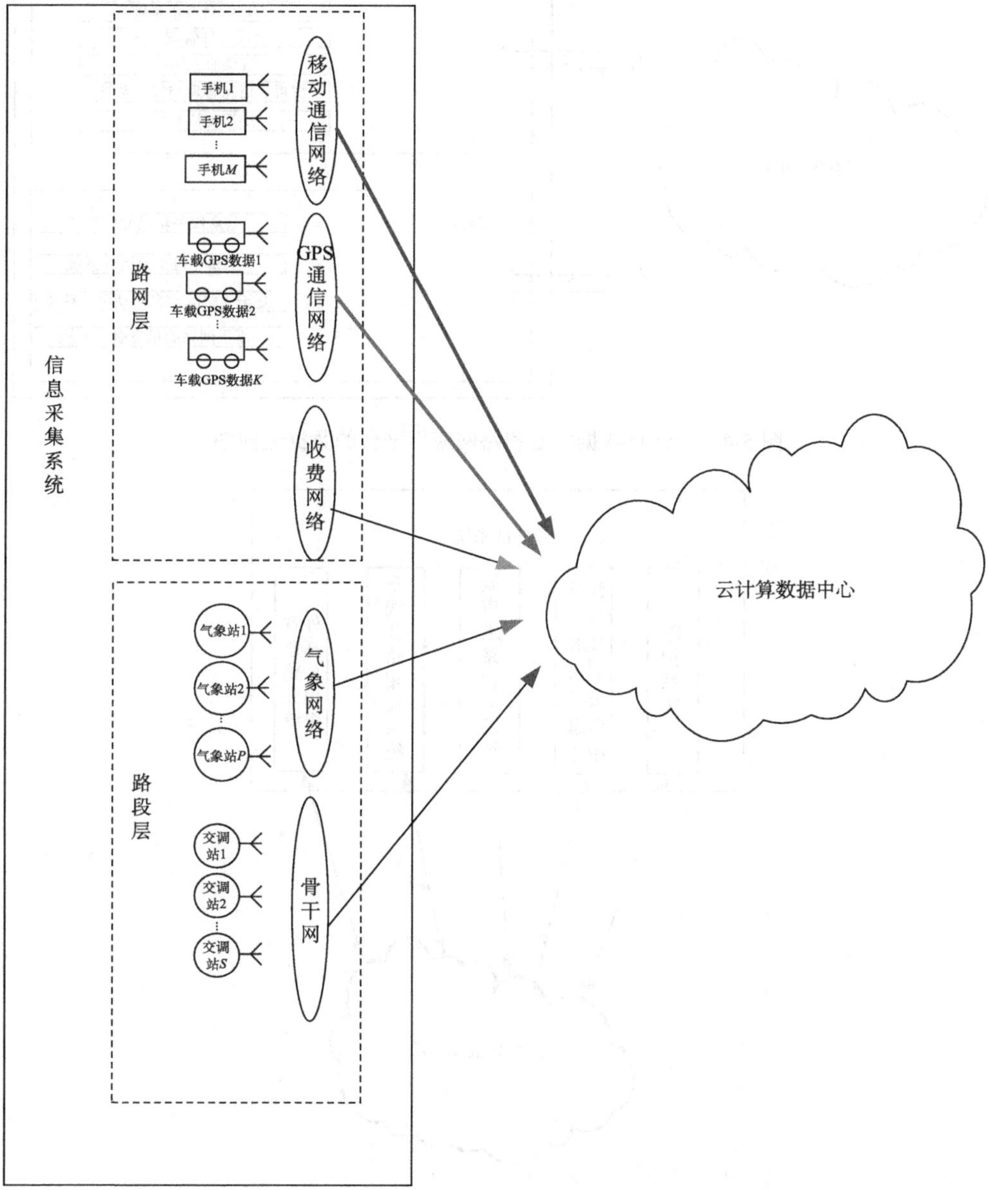

图 5-3　信息采集系统与云计算数据中心的数据流向图

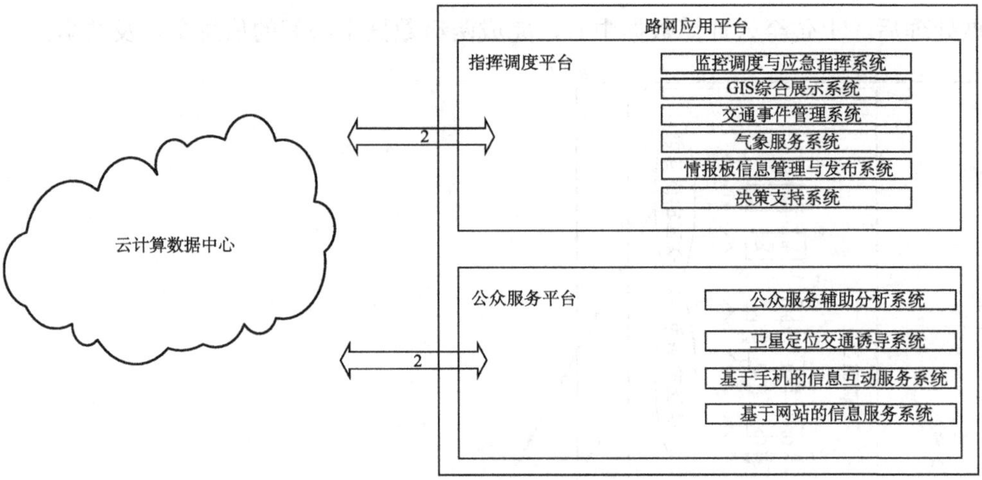

图 5-4　云计算数据中心和路网应用平台的数据流向图

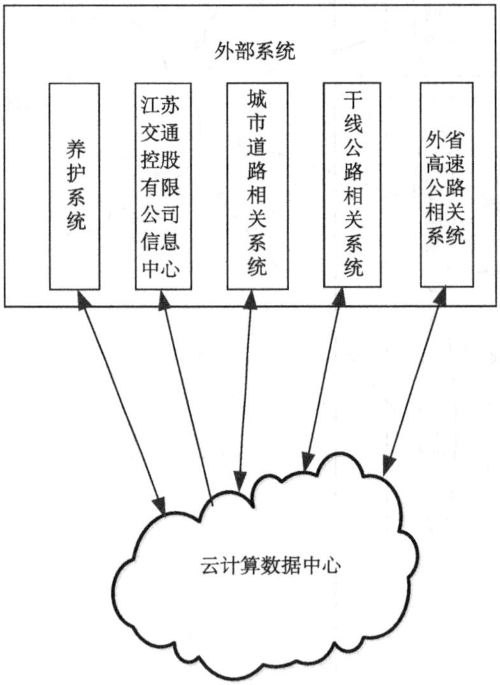

图 5-5　云计算数据中心和外部系统的数据流向图

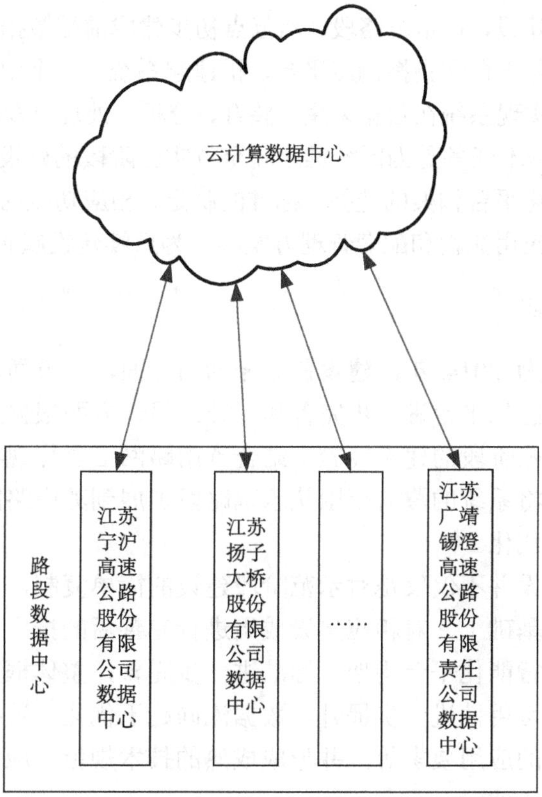

图 5-6　云计算数据中心和路段数据中心的数据流向

5.4　智慧高速公路智能化平台应用

智慧高速公路智能化平台的应用不能一蹴而就，而是通过以下三个阶段，由重点示范阶段，到区域推广阶段，再到全省范围内实施阶段。以下是江苏省智慧高速平台应用的流程，仅作为未来智慧高速平台应用的参考。

5.4.1　重点示范阶段

重点示范阶段为 2013 年。在全省路网运营与服务智能化平台整体规划和设计的基础上，选择宁沪高速公路江苏段、扬子大桥和广靖锡澄高速公路为示范路段，江苏高速公路联网营运管理有限公司为示范点，进行运营与服务智能化平台示范性建设，在示范路段、示范点率先实现高速公路信息化管理的基本现代化，为区域推广和全省实施阶段的建设提供示范。

通过示范阶段建设，在示范路段、示范点初步建成前端数据采集系统、云计算数据中心、公众服务平台和指挥调度平台，搭建起系统“一个中心、两个平台”的基本框架，并初步实现系统在数据采集、整合、分析、处理以及应用各阶段的主要功能。示范阶段的基本任务是为区域推广和全省实施阶段的建设积累经验，重点在于运营与服务智能化平台构架的选择、标准的制定、相应功能的实现等，并初步形成相关技术规范、应用流程和配套管理方案等，为后续建设起到示范作用。

5.4.2　区域推广阶段

区域推广阶段为 2014 年。建设任务分为两方面，一方面对重点示范阶段已建的运营与服务智能化平台进一步完善和提升；另一方面根据上述两路一桥以及联网中心在重点示范阶段的建设经验，结合苏南路网信息化现状，完成苏南路网信息化工程建设，将系统的覆盖范围从示范路段扩展到苏南路网，实现苏南高速公路管理的基本现代化。

推广阶段的建设并不仅仅是对示范阶段建设的简单复制，而是在充分总结示范阶段建设经验的基础上，对相应建设成果进行完善后的推广。通过推广阶段的建设，运营与服务智能化平台构架、标准进一步完善，整体框架更加合理，数据采集系统稳定性与可用性进一步提升，数据流向趋于优化，数据处理分析更符合两个平台各子系统的应用要求等，并形成成熟的技术规范、应用流程和配套管理方案，指导下一阶段建设。

5.4.3　全省实施阶段

全省实施阶段是 2015 年。在充分借鉴重点示范阶段和区域推广阶段较为成熟经验的基础上，在已经形成的较为完善的技术规范、应用流程的指导下，将运营与服务智能化平台建设推广到全省高速公路，实现全省高速公路管理的基本现代化。

全省实施阶段建设分为两方面，一方面是在苏中、苏北路网进行信息化建设；另一方面是完善和提升已建的运营与服务智能化平台，最终建成覆盖全省路网的信息采集系统，面向全省路网营运管理的公众服务平台和指挥调度平台，以及能够支撑起平台应用的数据中心，实现全省路网运营与服务智能化平台规划与设计的总体要求。

思 考 题

1. 简述智慧高速公路的内涵。
2. 根据你的了解，江苏省的智慧高速公路有哪些发展优势？你对智慧高速公路的建设有什么建议？

参考文献

[1] 东南大学. 江苏省高速公路网运营与服务智能化平台设计[R], 2013.

[2] 冉斌, 陈祥辉, 张健. 智慧高速公路理论与实践总论[M]. 北京: 人民交通出版社，2015.

[3] 冉斌, 孙兴焕, 何赏璐, 等. 智慧高速公路信息采集技术与应用[M]. 北京: 人民交通出版社, 2016.

[4] 冉斌, 张健, 李锐, 等. 智慧高速公路数据中心建设与运营[M]. 北京: 人民交通出版社, 2016.

[5] 李锐, 孙兴焕, 张小丽, 等. 智慧高速公路运行维护管理系统建设[M]. 北京: 人民交通出版社, 2016.

[6] 史子然, 杨云峰. 美国的高速公路管理体制[J]. 中外公路, 2000, (1): 1-8.

[7] 511. http: //www.511.org/, [2015-09-30].

[8] New York State Thruway Authority. http://www.thruway.ny.gov/index.shtml, [2015-9-30].

[9] Kalman R E. A new approach to linear filtering and prediction problems [J]. Journal of Basic Engineering, 1960, 82(1): 35-45.

[10] 王笑京, 李爱民, 董雷宏. 公路网运行监测与服务暂行技术要求[M]. 北京: 人民交通出版社, 2012.

[11] 王炜, 过秀成. 交通工程学[M]. 南京: 东南大学出版社, 2011.

[12] 何赏璐, 冉斌, 张健,等. 省域高速公路网运营与服务信息化平台研究[J]. 交通运输工程与信息学报, 2015, (2): 50-57.

[13] 王若霞, 陈卓. 智慧高速公路系统建设探究[J].中国交通信息化, 2013, (S1): 33-35.

[14] 王玉姣. 智慧高速平台的设计与实现[J]. 北方交通, 2014, (12): 112-116.

[15] 王洪涛, 曹德洪, 沈洁华, 等. 高速运行服务管理模式浅探[J]. 管理观察， 2013，522(31):135-137.

[16] 邹国平. 基于智能的高速公路交通控制与管理系统研究[D]. 西安: 长安大学，2002.

[17] 张一衡, 沈刚. 重点营运车辆动态数据在智慧高速中的应用[J]. 中国交通信息化, 2015, (S1): 22-24.

[18] 郝建明, 徐青松, 唐又林. 高速公路智慧型营运管理平台研究[J]. 上海船舶运输科学研究所学报, 2013, 36(1): 12-17.

[19] 陶敦普. 物联网开启“智慧高速路”时代[N]. 东莞日报, 2011-08-08(C04).

第 6 章　交通领域前沿技术及人才培养

6.1　导　　言

科学技术快速发展的时代，新的技术概念层出不穷。对于城市交通来说，智能交通系统的建设尚在路上，智慧交通的概念又铺天盖地地袭来，众说纷纭的概念差异、各地追赶潮流推出的各种计划，以及出于不同理解的各种报道，造成了许多迷惑与混乱。从科学研究角度来说，理解交通从“信息化”到“智能化”，进一步迈向“智慧化”的进化路径，还是具有实际指导价值的。

称之为“智慧交通”，当然与智慧城市具有极为紧密的关联。中国科学院、中国工程院院士李德仁教授曾撰文给智慧城市下定义，他认为智慧城市的内涵是数字城市、物联网与云计算三个概念的融合。智慧城市的理念是把传感器装备到城市生活中的各种物体中形成物联网，并通过超级计算机和云计算实现物联网的整合，从而实现数字城市与城市系统整合，是城市全面数字化基础之上建立的可视化和可量测的智能化城市管理与运营，包括城市的信息数据基础设施以及在此基础上建立网络化的城市信息管理平台与综合决策支撑平台。数字城市与智慧城市的建设促进了移动互联网、物联网、云计算等技术的发展，并直接推动了大数据（big data）时代的来临。2008 年，*Nature* 出版了“Big data”专刊[1]；2011 年，*Science* 出版了“Dealing with data”专刊[2]。2012 年，美国政府正式发布了“大数据研究和发展倡议”[3]；我国于 2011 年发布了“物联网‘十二五’发展规划”，并陆续发布了一系列的发展规划与白皮书。根据类似考虑，“智慧交通”可以视为“智能交通”发展的高级阶段，更加强调对城市交通的系统管控、科学决策和演化引导，或者说更加强调了系统中枢智慧的功能提升。

6.2　物联网技术概论

6.2.1　物联网的基本定义与基本特征

随着信息领域及相关学科的发展，相关领域的科研工作者分别从不同的方面对物联网进行了较为深入的研究，物联网的概念也随之有了深刻的改变，但是至今仍没有一个权威、完整和精确的物联网定义。

1. 物联网的基本定义

目前，不同领域的研究者对物联网思考所基于的起点各异，对物联网的描述侧重于不同的方面，短期内还没有达成共识。下面给出几个具有代表性的物联网定义。

定义 1：物联网是未来网络的整合部分，它是以标准、互通的通信协议为基础，具有自我配置能力的全球性动态网络设施。在这个网络中，所有实质和虚拟的物品都有特定编码和物理特性，通过智能界面无缝连接，实现信息共享[4]。

定义 2：物联网是由具有标识、虚拟个性的物体/对象所组成的网络，这些标识和个性运行在智能空间，使用智慧接口与用户、社会和环境的上下文进行连接和通信[5]。

定义 3：物联网指通过信息传感设备，按照约定的协议，把任何物品与互联网连接起来，进行信息交换和通信，以实现智能化识别、定位、跟踪、监控和管理的一种网络。它是在互联网基础上延伸和扩展的网络[6]。

对比物联网的最初概念以及上述不同的物联网定义，狭义上的物联网指连接物品与物品的网络，实现物品的智能化识别和管理；广义上的物联网则可以看作是信息空间与物理空间的融合，将一切事物数字化、网络化，在物品之间、物品与人之间、人与现实环境之间实现高效信息交互方式，并通过新的服务模式使各种信息技术融入社会行为，是信息化在人类社会综合应用达到的更高境界。

2. 物联网的基本特征

从通信对象和过程来看，物联网的核心是物与物以及人与物之间的信息交互。物联网的基本特征可概括为全面感知、可靠传送和智能处理。利用射频识别、二维码、传感器等感知、捕获、测量技术随时随地对物体进行信息采集和获取、可靠传送。通过将物体接入信息网络，依托各种通信网络，随时随地进行可靠的信息交互和共享、智能处理。利用各种智能计算技术，对海量的感知数据和信息进行分析并处理，实现智能化的决策和控制。

为了更清晰地描述物联网的关键环节，按照信息科学的视点，围绕信息的流动过程，抽象出物联网的信息功能模型：

（1）信息获取功能。包括信息的感知和信息的识别，信息感知指对事物状态及其变化方式的敏感和知觉；信息识别指能把所感受到的事物运动状态及其变化方式表示出来。

（2）信息传输功能。包括信息发送、传输和接收等环节，最终完成把事物状态及其变化方式从空间（或时间）上的一点传送到另一点的任务，这就是一般意义上的通信过程。

（3）信息处理功能。指对信息的加工过程，其目的是获取知识，实现对事物的认知以及利用已有的信息产生新的信息，即制定决策的过程。

（4）信息施效功能。 指信息最终发挥效用的过程，具有很多不同的表现形式，其中最重要的就是通过调节对象事物的状态及其变换方式，使对象处于预期的运动状态。

6.2.2　物联网的技术架构

物联网的网络结构分为三个层次：一是传感网络层，以 RFID、传感器、二维码等为主，主要用于信息的识别和采集；它是物联网的基础，利用传感器采集设备信息，利用射频识别技术在一定范围内实现发射和识别。二是信息传输网络层，通过现有的“三网”（互联网、广电网、通信网）或者下一代网络（NGN），远距离无缝传输来自传感网所采集的巨量数据信息；它负责对传感器采集的信息进行安全无误的传输，对收集到的信息进行分析处理，并将结果提供给应用层。三是信息应用网络层，即输入输出控制终端，如手机、智能家电的控制器等，要通过数据处理及解决方案来提供人们所需要的信息服务。应用层为用户提供丰富的服务功能，用户通过智能终端在应用层上定制需要的服务信息，如查询信息、监控信息、控制信息等。随着物联网的发展，应用层会大大拓展到各行业，给我们带来实实在在的方便。

6.2.3　物联网核心技术

物联网产业的核心技术主要包括：RFID 识别技术、泛在传感技术与纳米嵌入技术及智能计算技术。

1）RFID 识别技术

无线射频识别（radio frequency identification, RFID）是一种非接触式的自动识别技术，通过射频信号自动识别目标对象并获取相关数据，识别工作无需人工干预，可识别高速运动物体并可同时识别多个标签，可工作于各种恶劣环境。在物联网中，RFID 标签中存储着规范而具有互用性的信息，通过无线通信网络把它们自动采集到中央信息系统，实现物品的识别，进而通过计算机网络实现信息交换和共享，实现对物品的透明管理。

2）泛在传感技术与纳米嵌入技术

传感技术要利用各种传感器，将现实世界中各种事物的变化进行量化，形成数据，并通过各种技术手段传送到指定的位置，而泛在网络，更强调“泛在”，而要实现则要利用纳米嵌入技术。利用纳米技术制造超微型的传感器，构建看不见的传感网络。这些被称为“智慧尘埃”的超微型传感器，可嵌入到任何物品之中，并对使用不造成任何影响。

3）智能计算技术

传感器得到信息后，需要对其进行语义的理解、推理和决策，这些需要智能计算技术来完成。智能计算需要泛在计算、普适计算，即无论何时何地，只要需要，就可以通过某种设备访问到所需要的信息，从而实现智能控制。

6.2.4　物联网交通应用——车联网

1. 车联网的内涵

车联网（connected vehicles）即由车辆位置、行驶速度、行驶路线等构成的信息交互网络，是一种向信息通信、环保、节能、安全等方向发展的车-网联合技术[7]。通过 RFID、摄像头、传感器、GPS 及图像处理等电子设备，实现对车辆、道路、交通环境等信息的采集；按照一定的通信协议和标准，在车-路-人-网-环境-基础设施之间进行无线通信或信息交换；云中心采用计算机技术分析和处理车辆数据信息，从而计算出不同车辆的最佳路线，及时汇报路况和安排信号灯周期，实现对人、车、路进行智能监控、调度和管理。车联网是物联网技术在交通系统领域的典型应用，是信息社会和汽车社会融合的结果。

2. 系统功能要求

一般地讲，车联网系统的功能要求有如下几条：

（1）无线电通信能力，如：单跳无线通信范围；使用的无线电频道；可用带宽和比特率；无线通信信道的鲁棒性；无线电信号传播困难的补偿水平，例如，使用路侧单元（road side unit，RSU），用来满足车辆与基础设施间的信息交换。

（2）网络通信功能，如：传播方式，包括单播、广播、组播、特殊区域的广播；数据聚合；拥塞控制；消息的优先级；实现信道和连通性管理方法；支持 IPv6 或 IPv4 寻址；与接入互联网的移动节点相关的移动性管理。

（3）车辆绝对定位功能，如：全球导航卫星系统（GNSS），例如全球定位系统（GPS）；组合的定位功能，如：由全球导航卫星系统和本地地图提供的信息相结合的组合定位。

（4）车辆的安全通信功能，如：尊重匿名和隐私；完整性和保密性；抗外部攻击；接收到数据的真实性；数据和系统完整性。

（5）车辆的其他功能，如：车辆提供传感器和雷达接口；车辆导航功能。

3. 车联网的应用

车联网是一种全新的概念与应用，具有广阔的应用前景和商业价值。车联网所能提供的应用主要在三个层次[8]。

（1）初级应用：在这个阶段，车联网的应用主要是在导航、交通事故处理、动态交通信息的提供、车辆防盗系统方面。系统通过 3G 网络技术，使车载终端和互联网连接，实现呼叫中心的信息服务。

道路事故处理系统：实时及全面的行车数据使事故现场轻松地在电脑上得以重现，将对交通管理、保险等传统行业带来革命性的创新模式。

动态交通信息：通过车联网的终端控制中心和车载端，车主可以查实时的交通路况信息。同时终端的导航软件能够将实时的路况信息在地图上显示出来，能够及时地告诉车主哪里交通堵塞，哪里通畅。

车辆防盗系统：车联网中的防盗系统除了有防止汽车被偷窃的功能外，还能够及时地跟踪丢失的汽车，定位丢失的汽车，能够通过远程控制让丢失的汽车自动地停止行驶。

紧急救援系统：紧急救援系统主要是借助卫星定位，与紧急救援实现高效对接。系统能够实时地将故障信息传到服务中心，服务中心提供个性化的服务为车主提供全方位的汽车生活体验。

（2）中级应用：主要通过车载的系统，为车主提供智能化的服务。主要包括以下几个方面。

车辆的安全预警：车辆的安全预警包括超速预警、弯道行驶预警和危险路段的识别和安全驾驶预警。通过对弯道特征、危险路段特征、驾驶人行为特征和车辆故障、货物特征等提取来判断危险状态，向车辆发送危险提醒与安全驾驶信息。

车辆远程诊断：通过 GSM/GPRS 网络，远程诊断服务中心时刻监听车载智能终端的连接请求，连接确认后对汽车用户的通信卫星无线通信身份和密码进行验证。验证成功后根据诊断协议对汽车进行远程诊断，快速获取车辆故障诊断解决方案。

（3）高级应用：通过车载系统、无线网络设备来实现导航、电子支付、安全预防，以及其他增值服务。目前典型的应用主要是车路协同系统。

车路协同系统是指采用先进的通信技术、传感器技术等来对车况和交通信息的获取，通过车与车、车与路信息的互通和共享，同时能够实现车辆和其他交通基础设施信息的互通，达到车与路，与控制中心和其他交通基础设施的信息的协同配合，从而充分地利用和优化系统资源，提高交通道路的安全、缓解交通拥堵。

6.3　交通大数据技术概述

6.3.1　大数据概述

1. 大数据基本概念

“大数据”（big data）起源于 20 世纪 80 年代，在信息技术行业中称为“巨量数据集合”。目前有三种关于“大数据”的定义，研究机构 Gartner 的定义为需要新处理模式才能具有更强的决策力、洞察发现力和流程优化能力来适应海量、高增长率和多样化的信息资产。维基百科的定义为所涉及的资料量规模巨大到无法通过目前主流软件工具，在合理时间内达到撷取、管理、处理并整理成为帮助企业经营决策目的的资讯。麦肯锡的定义则为无法在一定时间内用传统数据库软件工具对其内容进行采集、存储、管理和分析的数据集合。我们每天都在生产数据，发短信、打电话、在社交软件上聊天、在网上购物，等等。根据国际数据公司（IDC）检测，全球数据量大约每两年翻一番，预计到 2020 年，全球将拥有 35ZB 的数据量，并且 85%以上的数据以非结构化或半结构化的形式存在。

在“数据大爆炸”时代，我们需要采取手段将数据去冗分类、去粗存精。因此，大数据产生的同时，处理大数据的技术应运而生。大数据技术的定义为：在海量的规则或不规则数据集中，用新的数据处理手段，以很快的速度计算或分析出潜在规律性、根本性的判断、趋势或预见。大数据技术包括数据挖掘、对比分析等。这些技术已被人们逐渐应用到了各行业，并取得了成果。

2. 大数据应用案例

1）亚马逊 AWS

“数据就是力量”，这是亚马逊的成功格言。EKN 研究中心的最新报告显示，80%的电子商务巨头都认为亚马逊的数据分析成熟度远远超过同行。亚马逊利用其 20 亿用户账户的大数据，通过预测分析 140 万台服务器上的 10 亿 GB 的数据来促进销量的增长。亚马逊追踪用户在电商网站和 APP 上的一切行为，尽可能多地收集信息。亚马逊强大的账户管理同样是为手机用户数据服务的。作为电商巨头的鼻祖，二十几年来依然占领着电商界前几名位置，亚马逊公司的大数据系统是关键。其灵活利用 Hadoop 技术，将 MapReduce 程序建立在 Hadoop 框架的顶端，两者很好地互补，帮助零售商高效地管理和利用分析平台。亚马逊还利用其超先进的数据驾驭技术向用户提供个性化推荐，向用户推荐商品前，要分析例如购买历史、浏览历史、朋友影响、特定商品趋势、社会媒体上流行产品的广告、购买历史相似的用户所购买的商品等，通过分析不同来源的数据，比如顾客在网页的浏览活动、某件商品在仓库中的存货、同一件商品不同竞争商家的定价、历史订单、对某件商品的偏好、对商品的预期利润等来实现动态价格优化。每隔十分钟，亚马逊就会改变一次网站上商品的价格。

2）谷歌大数据

谷歌在 2003 年开始陆续公布了关于 GFS、MapReduce 和 BigTable 三篇技术论文，这也成为后来云计算发展的重要基石，为数据领域工作者开启了大数据算法之门。然而谷歌的大数据脚步显然不止于此，其后公布了 Percolator、Pregel、Dremel、Spanner 等多篇论文。没有止步的不仅是谷歌，很多公司也跟随其脚步开发了很多优秀的产品，虽然其中不乏模仿。主流的大数据基本都是 MapReduce 的衍生，然而把目光聚焦到实时上就会发现：MapReduce 的局限性已经渐渐浮现。从 2010 年之后谷歌在后 Hadoop 时代的新“三驾马车”——Caffeine、Pregel、Dremel 再一次影响着全球大数据技术的发展潮流。但这还远远不够，目前谷歌内部使用的大数据软件 Dremel 使大数据处理起来更加智能。全球很多技术都落后于谷歌，而谷歌自身的技术也正在影响全球。在谷歌思路以及论文的启发下，同样涌现出一些开源项目，比如：Apache Drill、Apache Giraph、斯坦福 GPS 等。

3）BAT 大数据

BAT 大数据指的是国内三大互联网巨头百度、阿里巴巴、腾讯共同形成的大数据战略合作。对于大数据领域的应用，这三家互联网公司的策略各不相同。

搜索引擎的数据搜集能力是最强的，百度也是在大数据领域上最不遗余力。只要我们在搜索框输入关键词，百度就能马上匹配精准的广告，这也是大数据的应用。百度指数、百度司南等产品，算是对数据挖掘的一些初级应用。另外，百度也与其他公司合作，为其提供消费者行为分析和挖掘服务，通过数据结论指导企业推出产品。

阿里巴巴消费数据的广度和深度，在各家中遥遥领先，其数据挖掘能力也是行业翘楚。通过云计算分析，阿里巴巴对用户的浏览和消费信息进行精准的行为预测，然后进行商品信息推送。目前，阿里巴巴推出的数据产品，如数据魔方、量子统计、推荐系统等，仍是比较简单的 BI（商业智能）。为了用数据来驱动阿里巴巴电商帝国，阿里巴巴已经成立了横跨各大事业部的“数据委员会”。

腾讯在大数据领域，拥有社交数据、消费数据、游戏数据等，虽然没有像百度、阿里巴巴那样主动包装宣传，但腾讯大数据的运用也一直在进行。目前来看，腾讯大数据的运用主要是为了完善自身生态体验，其思路是补齐产品，注重 Qzone、微信、电商等产品的后端数据打通，形成优质产品圈的良性循环，不断利用大数据挖掘改进自己的产品。

6.3.2　交通大数据基本特征

数据是智能交通系统的基础，交通数据采集手段和处理方法的深度革新将引领智能交通系统的变革。在大数据背景下，对交通大数据进行深度分析，明确交通大数据的基本概念，了解交通大数据带来的问题，理解大数据驱动的数学建模方法，探讨在智能交通系统中的应用具有非常重要的意义。

交通大数据的特征交通大数据与传统交通数据的不同主要体现在特征中。当前对大数据特征的描述主要有 3V、4V 和 5V 等[9-11]。结合交通大数据的基本类型，认为交通大数据具有 6V 特征，具体如表 6-1 所示[12]。

表 6-1　交通大数据的特征

特征	描述
volume：体量巨大	结构化数据和非结构化数据的广泛来源与长期存储
velocity：处理快速	交通流具有时变性，交通管理与服务具有时效性，需要较快的数据处理速度
variety：模态多样	数据来源广泛、类型丰富，交通系统具有多状态特征
veracity：真假共存	数据存在缺失、错误、冗余等异常现象
value：价值丰富	具有时间、空间、历史等多维特征，是多元服务的基础
visualization：可视化	交通运行状态、城市路网特性等需要可视化的展现

6.3.3　交通大数据分类

一般而言，大数据要做的是融合汇聚，将不同来源尤其是不同领域的数据集进行整合，本身就要打破数据已有的分类，因此大数据是可以不需要分类的，或者说经过整合后的数据已经不再体现出单一的类别特性。但是对交通大数据中的数据可以从某些角度进行划分，以便更好地分析、理解和使用交通大数据[13]。

1. 按照数据与交通管理和交通信息服务的关联度划分

城市交通大数据可以分为交通直接产生的数据、公众互动交通状况数据、相关行业数据和重大社会活动关联数据四类。这四类数据与交通管理和交通信息服务关联度依次降低。

直接产生的数据包括各类交通设施如线圈、摄像头等产生的数据，以及车载 GPS 产生的车辆位置信息等数据，这些数据能够反映出总体的交通状态和局部的交通状况。

公众互动交通状况数据包括公众通过微博、微信、论坛、广播电台等提供与交通状况相关的文字、图片、音视频等数据。例如哪个路段上刚刚发生车祸，这些信息未必会被交通设施直接收集到，但它们能够直接反映局部的交通状况，因此和城市交通的关联程度也很高。

相关行业数据包含了气象、环境、人口、规划、移动通信手机信令以及其他与交通间接相关的数据。这些数据能够用于更准确地分析和预测交通状况的总体交通状态，与城市交通有一定的关系。

重大经济社会活动信息对交通状况也会产生一定的影响。如大型文体活动会使场馆周边道路的交通产生短时的拥堵、电商促销活动可能会因物流增加而对高速公路的流量产生影响等，但总体而言这些活动对交通的影响结果是局部的，而且是可以预见的，在特定场景下与城市交通有关联。

2. 按照数据形式划分

城市交通大数据可以分为（传感器）流数据、数据文件、数据库文件、在线文字和图片、音视频流等。

流数据是指各类交通设施或传感器以数据流的形式持续不断产生的具有确定格式的数据，其特点就是已经产生的数据无法再现，除了数据处理算法在内存中保存的一部分外，无法重复获取之前的数据记录，对数据的获取和访问存在先后顺序。

数据文件是以文件的形式在介质上持久保存的数据，又分记录文件和无记录文件（如文本文件）。其特点是可以反复获取，会根据需求随机访问，没有先后顺序要求。

数据库记录是指在关系型数据库系统或非关系型数据库系统中，以“数据记录”的形式保存的数据，其特点是用户不用自己维护数据记录的存取，提供了处理和计算上的便捷性。

在线文字和图片是指存在于互联网上的、需要通过特定的网络协议才能获取到的数据，其特点是以文件形式存在，通过数据流方式可以反复获取（假定服务器端的文件未被删除）。

音频数据是指经过数字化的并能够通过某种方法还原的音频或视频信息，其特点与流数据相似，但属于非结构化数据，往往需要非常复杂的算法才能从中提取所需要的信息。

3. 按照数据类型划分

城市交通大数据可以分为结构化数据、非结构化数据和半结构化数据。

结构化数据是指数据记录通过确定的数据属性集定义，同一个数据集中的数据记录具有相同的模式。结构化数据具有数据模式规范清晰、数据处理方便等特点。结构化数据通常以关系型数据库或格式记录文件的形式保存，如传统的智能交通信息系统采集、加工过的数据。线圈等传感器产生的数据一般来说具有固定的比特流格式，各字段的比特长度和含义固定，可以视为比特尺度下的结构化数据。

非结构化数据是指数据记录一般无法用确定的数据属性集定义，在同一个数据集中明显的、统一的数据模式。非结构化数据能够提供非常自由的信息表达方式，但数据处理复杂。非结构化数据通常以原始文件或非关系型数据库的形式保存，如摄像头采集的视频、公众发布在微博上的图片或是微信上的语音信息等。

半结构化数据是指数据记录在形式上具有确定的属性集定义，但同一个数据集中不同数据可以具有不同的模式，即不同的属性集。半结构化数据具有较好的数据模式扩展性，但需要数据提供方提供额外的数据之间关联性的描述。半结构化数据通常以可扩展标记语言（XML）文件或其他用标记语言描述记录的文件保存，如在超文本标记语言（HTML）文件中以<Table>标签形式保存的数据、资源描述框架（PDF）格式的本体库文件等。

4. 按照数据产生和变化的频率划分

城市交通大数据可以分为基础数据、实时数据、历史数据、统计数据（结果数据）等。

基础数据是指静态的、规范化的、描述城市交通基本元素的数据，其特点是数据定义/产生后基本不会发生变化，例如道路名称、匝道编号等。

实时数据是指随城市交通活动实时产生的、反映城市交通运行情况的数据，其特点是数据会非常频繁地产生和变化，如线圈数据、温湿度气象数据、微博和微信的公众互动的交通状况等，这类数据对判断短时交通拥堵等具有重要作用。

历史数据是指实时数据按一定时间周期（如按月）归档后产生的数据，其特点是新数据产生和变化的周期性明显，这类数据可以用来预测未来交通的变化趋势。

统计数据（结果数据）是指系统根据一定算法或根据使用者的主观需求，经过计算后所产生的数据，其特点是新数据的产生和变化的周期性不明显，例如拥堵指数、路段平均车速、人流量随时间变化趋势等，这类数据可以为公众出行服务、管理部门决策做支持。

5. 按照数据来源划分

根据数据来源分布，交通系统中的大数据划分如下所示。

1）交通流数据（固定检测器）

传统固定检测器获取的交通流数据为智能交通系统的传统应用提供了基础数据支撑。以北京为例，基于微波雷达、超声波、感应线圈、视频监控等检测器，北京市公安局公安交通管理局建立了交通信息采集、处理、发布系统，北京市道路交通流预测预报系统等。

2）交通流数据（移动检测器）

通过固定检测器与移动检测器的数据融合，获取更加准确的交通流数据。以北京为例，北京市公安局公安交通管理局开展了“北京市道路交通流综合分析与数据质量评价体系研究”的项目，对固定检测器、移动检测器等获取的多源数据进行研究，优化交通数据质量。

3）位置数据（移动检测）

先进的移动通信技术拓展了交通移动检测的应用范围，由传统的交通流数据获取推广到位置数据的获取，使得基于位置的服务成为可能。基于公交智能卡的数据，实现出行者出行行为的分析，为公交基础设施建设和运营服务管理提供支持。基于出租车车载终端的数据，研究出行距离、出行时间和道路偏好对驾驶员路径选择的影响，进而实现路径的预测。应用智能手机，可实现出行轨迹、出行方式、出行范围、出行总量等的获取。此外，车联网的出现大大提高了城市交通信息综合获取的水平，丰富了交通数据的来源和发布途径。海量位置数据的处理和分析，为交通出行行为分析、公交系统优化和车辆优先控制等提供了支撑。

4）非结构化视频数据

非结构化视频数据一方面可用于宏观态势监控，以广西柳州为例，建设高空高清视频监控系统，掌控多交叉口或较大区域的交通宏观态势。另一方面，通过视频处理模块，提供交通流特征参数及其他参数，以卡口系统、电子警察系统等为例，还可应用于车辆类型识别、交通状态识别等。

5）多源的互联网、政务网数据

互联网、政务网为智能交通系统提供了广泛的数据来源与发布途径。以社交网络为代表的互联网可为智能交通系统提供交通事件的视频等数据。另外，互联网也可成为交警非现场执法、公交系统优化等的重要数据来源。政务网为城市决策者和管理者提供了安全稳定的信息交互平台。政务网可为智能交通系统接入城市路网结构、气象变化、特大活动、突发事件、应急救援等数据。

6.3.4 交通大数据的关键技术

大数据技术描述了一种新一代技术和构架，用于以经济的方式、以高速的捕获、发现和分析技术，从各种超大规模的数据中提取价值，而且未来急剧增长的数据迫切需要寻求新的处理技术手段。大数据技术就是从各种类型的数据中快速获得有价值信息的技术。大数据领域已经涌现出了大量新的技术，它们成为大数据采集、存储、处理和呈现的有力武器。大数据处理的关键技术一般包括：大数据采集、大数据预处理、大数据存储及管理、大数据分析与挖掘、大数据展现和应用（大数据检索、大数据可视化、大数据应用、大数据安全等）。

在城市交通蓬勃发展的过程中，其数据采集量必然成倍增长，形成海量、动态、实时的交通大数据。因此，以大数据处理技术为支撑的城市交通信息服务将成为未来智能交通发展的增长点。城市交通所涉及的大数据技术，总结起来大致包括如下内容。

1）基于 Hadoop 框架的 MapReduce 模式技术

Hadoop 是一个能够对大量数据进行分布式处理的软件框架，而 MapReduce 是 Hadoop 的核心计算模型，它将复杂地运行于大规模集群上的并行计算过程高度地抽象到了两个函数中。Hadoop 实现了一个分布式文件系统（Hadoop distributed file system, HDFS）。HDFS 有着高容错性的特点，用来部署在低廉的硬件上。而且它能提供高传输率来访问应用程序的数据，适合那些有着超大数据集的应用程序。

2）数据仓库技术

数据仓库是决策支持系统（DSS）和联机分析应用数据源的结构化数据环境，研究和解决从数据库中获取信息等问题。数据仓库的特征在于面向主题、集成性、稳定性和时变性。其主要功能是将组织通过资讯系统的联机交易处理（on line transaction processing, OLTP）经年累月所累积的大量资料、数据仓库理论所特有的资料存储架构进行系统的分析整理，以利于各种分析方法如线上分析处理（on line analytical processing, OLAP）、数据挖掘（data mining）的进行，进而支持决策支持系统、主管资讯系统（executive information system, EIS）等系统的创建，帮助决策者快速、有效地从大量数据资料中分析出有价值的信息，以利于决策拟定及快速回应外在环境变动，帮助构建商业智能。

3）中央数据登记簿技术

中央数据登记簿系统是平台数据统一管理、综合交通信息服务的基础，包括与交通信息有关的数据表示和交互以及交通信息服务、适合于综合交通环境的数据字典和消息模板、交通数据项定义规则、注册和管理机制等。

4）平台 GIS-T 应用技术

平台 GIS-T 应用技术是交通地理信息系统的支撑技术，可为交通信息服务提供高效的信息查询功能、海量的存储功能，包括出租车、公交车、综合交通视频信息等数据；提供优秀用户体验的 WebGIS 引擎，让用户享受基于浏览器的交通信息服务。

5）基于非序列性数据操作技术

基于非序列性数据操作技术包括虚拟化环境以及流数据处理技术，通过网络将大量服务器的内存空间结合在一起，使之形成一个超大型的虚拟内存，然后在其上进行数据配置，可实现对现有设备资源的最大使用效率，同时实现对即时性数据的反馈能力。

6）视频大数据处理技术

视频大数据处理技术将目前各个专用性的视频监控系统有机地整合在一起，实现视频资源统一接入、统一转码、统一分发、统一管理和统一运营的“五统一”目标。它可整合包括交通视频、站台视频、客运站视频、高速公路视频、社会治安视频、车载视频等在内的多种视频资源，提高整体视频监控的效率，且基于视频监控基础设施之上创造更多增值性的应用，从而实现视频监控系统的最大化效用。

7）大数据预处理技术

大数据预处理技术是将接入平台的数据根据具体的业务规则进行进一步的处理，包括对接入的数据进行有效性的检验、大数据清洗等。大数据标准化处理技术从数据库中取出经过清洗后的数据，根据业务规则将外部系统的数据格式转化为平台定义的标准格式。

8）大数据融合处理技术

大数据融合处理技术是指采用多源交通信息融合方法，结合特征融合技术（识别/分类、神经网络、贝叶斯网络等）、目标机动信息处理技术（自适应噪声模型等）及多目标跟踪的信息融合技术，提高信息系统的顽健性及可靠性。多源交通大数据信息融合分为三级：基础级是数据级融合，它只完成数据的预处理和简单关联；第二级是特征级融合，就是根据现有数据的特征预测交通参数；第三级是状态级融合，根据当前交通流信息判断交通状态。交通流信息融合的基本过程包括多源信息提取、信息预处理、融合处理以及目标参数获取和状态估计。

9）实时数据分发订阅技术

海量交通大数据具有数据量大、更新频繁、时效性高等特点，往往需要来自于其他系统的实时数据来支持其业务逻辑。比如浮动车辆的GPS数据、目前城市道路的路况分析和收费站排队监控分析、省级运政卫星定位联网监控系统的上报、营运车辆安全监管系统等监控分析系统需要向外单位共享的数据。

10）大数据挖掘技术

数据挖掘就是从大量的、不完全的、有噪声的、模糊的、随机的实际应用数据中，提取隐含在其中的、人们事先不知道的，但又是潜在有用的信息和知识的过程。根据挖掘任务可分为分类或预测模型发现、数据总结、聚类、关联规则发现、序列模式发现、依赖关系或依赖模型发现、异常和趋势发现等。

根据挖掘对象可分为关系数据库、面向对象数据库、空间数据库、时态数据库、文本数据源、多媒体数据库、异质数据库、遗产数据库以及环球网 Web；根据挖掘方法分，可粗分为机器学习方法、统计方法、神经网络方法和数据库方法。从挖掘任务和挖掘方法的角度，着重突破可视化分析、数据挖掘算法、预测性分析、语义引擎、数据质量和数据管理等技术。

11）大数据可视化和安全技术

突破大数据移动、备份、复制等技术，开发大数据可视化技术。开发新型数据库技术，数据库分为关系型数据库、非关系型数据库以及数据库缓存系统。开发大数据安全技术。改进数据销毁、透明加解密、分布式访问控制、数据审计等技术，突破隐私保护和推理控制、数据真伪识别和取证，数据持有完整性验证等技术。

6.3.5　交通大数据应用

交通大数据的智能应用系统是基于交通大数据中心、交通云计算支撑平台来搭建的智能应用系统，采用“中心数据存储和处理”和“本地服务应用”的模式，从海量的交通数据中抓取实时数据，分析挖掘历史数据，基于历史数据对未来情况做出预测，为智能交通提供决策性建议。

1. 城市交通大数据的公交行政监管与科学决策

城市交通大数据的公交行政监管与科学决策支持系统实现可分为三个步骤：首先，集成城市公共交通采集的站台、线路、道路、活动场所的交通数据，研发 MapReduce 框架下的海量交通流融合与预测算法，针对复杂交通系统行为的不可预测性，充分考虑简单对象的主动性和随机性，从行为生成的角度出发实现对城市公共交通系统的“等价”描述；然后，针对城市公共交通的运营与管理需求，通过计算实验和涌现观察，生成实时、未来和各种可能情况下的交通场景，包含正常条件下的交通环境，还包括交通事故、恶劣天气、突发事件等异常条件下的交通环境；最后，通过实际交通系统与人工交通系统之间交互运行和过程演化，实现城市公共交通运行数据分析与调度方案演练，并为交通管理者和出行者提供基于位置的交通服务信息。

大数据可以辅助公共交通规划制定决策。传统的方式需要投入大量人力进行交通出行调查和数据收集。目前的“一卡通”可让数据更为全面地展现在决策人员面前，流量数据全部可以精确掌握，同时再利用车辆拥堵时间、拥堵路段的大数据分析，公交车的线路调整、增加与减少换乘站的决策就会更加有依据。

1）城市公共交通云计算服务平台体系

城市公共交通云计算服务平台采用4层结构，分别为应用层、平台层、统一资源层和物理层。云计算服务平台使得公共交通管理成为一个开放式的可扩展系统。新的交通管理方案可以很快得到实施，而无需对现场的硬件设备进行更新换代。控制中心通过交通管理云提供的服务，不断对交通控制代理的运行进行优化，使系统性能得到提升，实现多个城市的交通控制系统连接交通管理云，实现数据集中、数据共享和服务共享。

2）基于海量交通检测数据的融合与预测

城市交通大数据和相关的业务服务采用云计算技术来实现，采用云计算技术来支撑一体化交通大数据，按需提供自助管理虚拟基础架构汇集成高效池，以服务的形式提供资源。云计算支撑平台包括数据中心物理资源管理、数据中心逻辑资源、数据中心运营平台和维护。在进行交通流预测时，需要根据交通流检测数据建立合理的交通流模型。在MapReduce架构下将各种算法进行并行处理，通过云计算平台来实现算法的分布式运行，满足海量交通数据的处理要求，提升模型参数学习的速度。首先基于MapReduce模型来实现交通流预测，研究分布式模型学习方法，建立相应的数据处理算法，加速模型参数的学习过程，然后进行模型合并，得到各个路口的交通流预测模型，产生最终的预测结果。

3）基于平行交通的公共交通计算实验平台

在实际交通系统和人工交通系统平行执行的基础上，利用计算实验方法在平行交通系统上进行各种试验，对城市公共交通系统的行为进行预测和分析。实际交通系统中的算法分析工具以模块和组件的形式应用于平行交通系统实验平台中，其中包括各类学习策略与优化算法、定性与定量计算实验评估算法以及对各交通场景（包括常规交通需求场景、增强交通需求场景和突发事件交通场景）提供特定支持的专用算法模块，这些工具将动态地分析、评估和优化公共交通计算实验过程及其结果，并结合评价指标体系更新评价结果。

4）综合利用传统媒体和移动互联网媒体为用户提供基于位置的公共交通服务信息

通过手机客户端、公交电视、电子站牌、Web网站、调度客户端、监控客户端等形式为公交乘客、公交企业管理者、政府行业管理人员提供出行服务、运营调度、企业管理、行业监管等不同层次的服务，影响或改变城市公交状态。

2. 城市交通大数据的个性化服务平台

以交通行业大数据处理为核心，整合城市交通各行业数据资源，通过大数据处理技术，实现数据存储、清洗、融合和挖掘，最终为城市交通行政部门决策和公众出行提供个性化的支持和服务。个性化服务平台包括基础信息综合平台实现交通行业数据采集整合、智能处理平台实现数据分析处理、信息服务平台为政府和公众提供决策支持和信息服务，如图 6-1 所示。

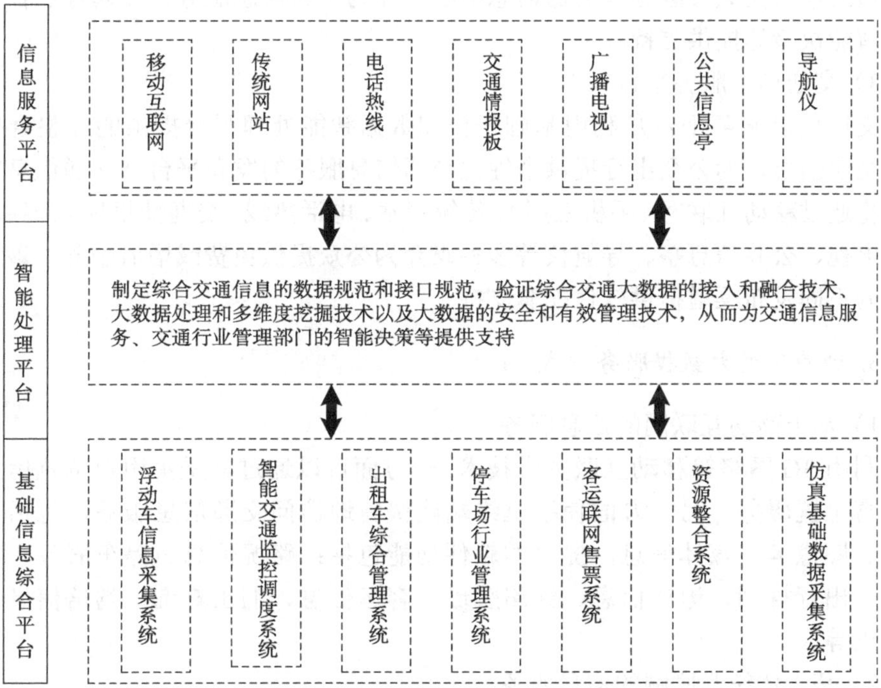

图 6-1　大数据交通服务平台

1）基础信息综合平台

基础信息综合平台为个性化服务平台的基础，是实时交通信息发布的数据来源，主要功能是交通信息数据的收集和处理。将各个子系统中的交通数据按照一定的编码规则和既定格式采集起来，将其转换为可用的综合交通信息。基础信息综合平台是整个智能交通信息组织过程中的信息枢纽，是实时交通信息发布的数据来源，进行交通信息数据的收集和处理，并为外部数据接入和对外数据分发提供数据规范和标准接口。选用业界高性能的数据库来提供数据存储、数据存取访问、数据访问控制、数据共享等服务。处理以上各层之间的数据通信问题，包括对各层之间的数据进行相互传输。主要包含浮动车信息采集系统、智能交通监控调度系统、出租车综合管理系统、停车场行业管理系统、客运联网售票系统、资源整合系统、仿真基础数据采集系统等。

2）大数据智能处理平台

大数据处理是结合交通系统的实际情况，研究综合交通模型体系，制定综合交通信息的数据规范和接口规范，并在此基础上研究和验证综合交通大数据的接入和融合技术、大数据处理和多维度挖掘技术以及大数据的安全和有效管理技术，从而最终建设完成市区综合交通信息中心，并为交通信息服务、交通行业管理部门的智能决策等提供支持。

3）交通信息服务平台

交通信息服务平台是利用基础平台和数据智能处理平台提供的经整合处理后的交通信息，为公众出行提供个性化交通信息服务的发布平台。交通信息服务平台将通过移动互联网（手机应用）、传统网站、电话热线、交通情报板（诱导屏）、广播电视、公共信息亭、导航仪等多种媒介为公众提供免费或增值服务，该平台还将为不同发布渠道提供软件配套支持。

3. 城市交通大数据服务方式

1）基于移动互联网的信息服务

利用 3G 网络等移动互联宽带技术，一方面可以通过其采集用户位置信息提供丰富位置服务；另一方面使手机终端能快捷地访问交通信息服务，包括交通视频、图像等多媒体信息，提供的软件功能包括：路况信息、停车服务、实时公交、出行规划、地铁信息、铁路航班、客运信息、的士查询、驾培信息、交通资讯等。

2）基于传统互联网的信息服务

对交通信息进行采集、分析、挖掘、发布，打造全方位、一站式的交通信息服务发布平台，为用户提供包括实时路况、交通视频、实时公交、出租车空车分布、网上汽车票查询预订、停车场动态信息、航班动态信息、列车动态信息、地铁信息以及交通咨询在内的出行前与出行途中的全程交通信息服务，使用户足不出户即可了解城市交通动态，科学规划出行方案。

3）电子站牌

公交站台电子站牌为乘坐公交出行的用户提供交通相关信息，如公交车辆到站信息。

4）交通情报板

利用停车诱导屏等情报板为出行者提供停车诱导服务。

5）广播电视

通过广播电视节目为用户播报综合交通服务信息，如实时路况、航班动态等信息。

6）公共信息亭

综合交通信息亭终端采用触摸屏方式接收用户的交互式操作，提供与 Web 网站类似的综合交通信息服务。主要用户是旅游出行人员和通过公共交通系统（如公路、铁路和航空）出行的人员。

7）真三维动态导航与智能预警服务

在智能交通导航中，将以真三维导航（高分辨率真实影像替代虚拟场景）替代传统二维虚拟导航。三维导航地图不是在二维导航地图上的 3D 显示，而是在获取三维空间数据后，利用信息通信技术处理三维空间数据，包容其他地理信息，可以突破常规二维表示对形式的束缚，更好地洞察和理解现实世界。

6.4　云计算技术概述

6.4.1　云计算概述

如绪论中所述，云计算（cloud computing）是分布式计算（distributed computing）、并行计算（parallel computing）、效用计算（utility computing）、网络存储技术（network storage technologies）、虚拟化（virtualization）、负载均衡（load balance）、面向服务架构（service-oriented architecture, SOA）等计算机技术和网络技术发展融合的产物。云计算是在 2007 年第三季度才诞生的新名词，但仅仅过了半年多，其受到关注的程度就超过了网格计算、分布式计算、并行计算。

6.4.2　云计算分类

按照使用范围和规模，云计算有三种部署模式：公有云、私有云和混合云。

1）公有云

公有云（public cloud），云提供商在不同的区域建立多个数据中心，通过虚拟化和网络将所有的资源整合到一个巨大的“资源池”中，再通过云平台和互联网向用户提供服务。对于云提供商来说，资源的使用权完全公有，可以将资源分配给任意一个用户，因此被称为“公有云”，如图 6-2 所示。

对于云提供商来说，在云端已经提供了海量的资源，这些资源并非供内部使用，而是全部提供给市场上的用户，并根据相应的标准进行收费；对于客户来说，可以通过租用云平台中已经搭建并测试通过的硬件资源或者成熟的信息系统开展相关应用。

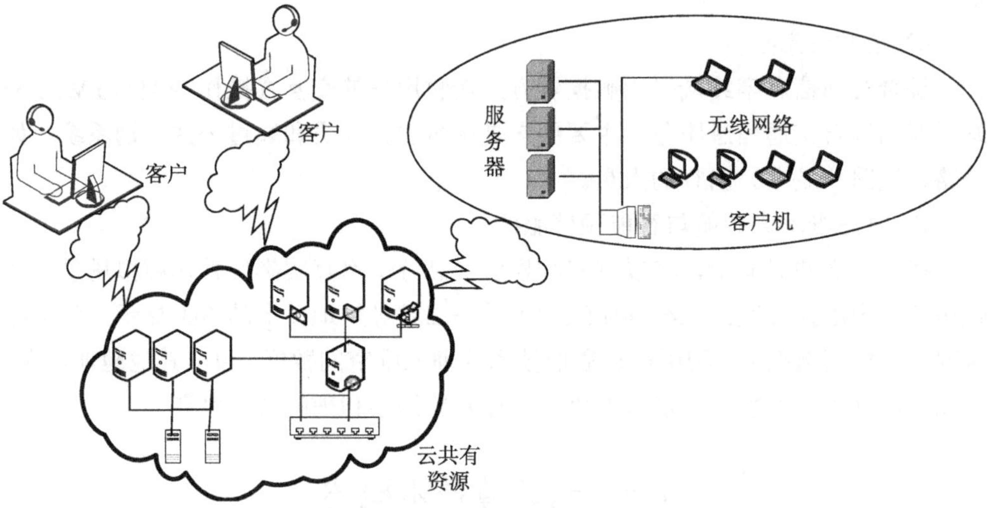

图 6-2　公有云环境

2）私有云

公有云将资源提供给租用企业，但是有些企业基于数据的安全性、资料的敏感性考虑，不便将应用迁移到公有云，或者企业有自己的数据中心，未必需要将资源交付到公有云，因此私有云的应用环境应运而生。

私有云（private cloud）被部署在企业内部网络中，受到企业数据中心防火墙的保护，常见的私有云建设模型如图 6-3 所示。由于受到防火墙和安全策略的重点防护，安全模式没有太大的变化，因此私有云不会存在公有云的那些疑虑或者担忧。除此之外，还有另外一种私有云模型——“托管式专用”模式，它是基于大型云提供商的资源，可以在公有云中建立基于企业数据中心的专用云，相对于公有云来说，托管式专用模式拥有更多的管理权限和控制权限。

3）混合云

有了公有云和私有云的介绍，对混合云的理解就很容易了。混合云就是将两种云混合到一起，在企业和云端应用中既有公有云的应用，也有私有云的平台，这三者的关系如图 6-4 所示。

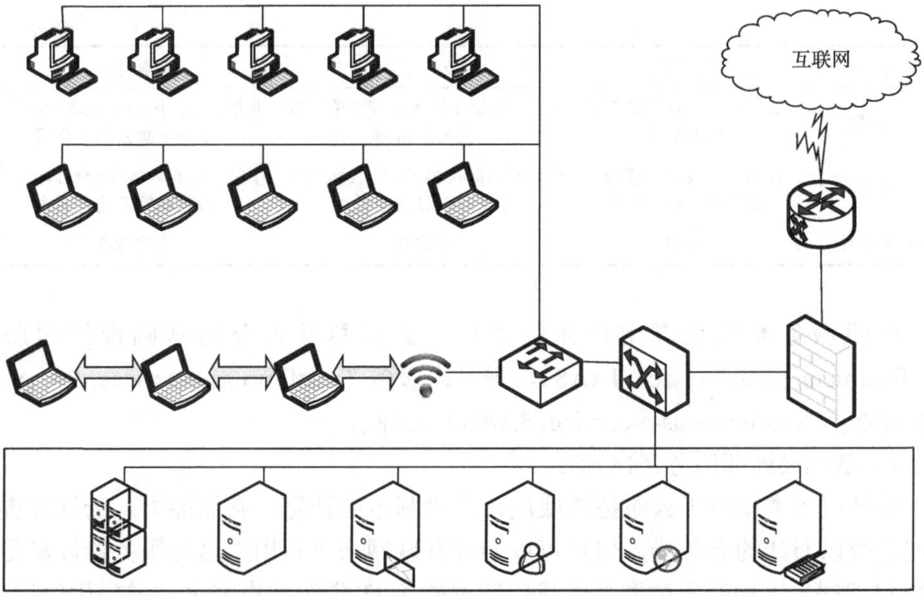

图 6-3　私有云环境

图 6-4　混合云环境

三种部署模式在性能、管理方式、安全性、成本、可扩展性等方面的特点如表 6-2 所示。

表 6-2　云计算三种部署模式特点比较

项目	私有云	公有云	混合云
性能	非常好	中等	良好，通过内部缓存活动内容以提高使用体验
管理方式	自行管理	第三方管理	使用者与第三方共同管理

续表

项目	私有云	公有云	混合云
安全性	最安全，所有存储都是内部部署	良好，取决于服务供应商所采取的安全措施	非常安全，因为集成选择项添加了一个额外的安全层
成本	较高，需要内部资源，如数据中心空间等	低，即用即付模式，对公司内部存储基础设施无要求	中等，缓存内容保存在内部，对内部存储设施有要求
可扩展性	有限	非常高	非常高

按照服务类型或者用户体验划分，云计算又可分为基础设施即服务（infrastructure-as-a-service, IAAS）、平台即服务（platform-as-a-service, PAAS）、软件即服务（software-as-a-service, SAAS）三种。

1）基础设施即服务（IAAS）

该种服务类型位于云服务的底层，提供基本的计算、存储能力。云计算提供商拥有数以万计的服务器，用户可以通过互联网来“租用”这些服务器以满足自己的 IT 需求。这种服务类型就像我们所说的将 IT 资源像自来水一样提供给用户。

2）平台即服务（PAAS）

平台即服务位于云计算的中间层，主要面向软件开发者或者软件开发商，提供基于互联网的软件开发测试平台。软件开发人员可以通过基于 Web 等技术直接在云端编写自己的应用程序，同时可以将自己的应用程序托管到这个平台上。例如谷歌的 App Engine 就是一个可伸缩的 Web 应用程序开发和托管平台，开发者可以在其平台上开发出自己的 Web 程序并发布，这样开发者不需要担心自己的服务器能否承担未知的访问量，这样的平台无疑得到一些小型创业企业的青睐。

3）软件即服务（SAAS）

很多软件都有了 Web 版，例如飞信或者 QQ 等都有 Web 版，通过 Web 我们不必下载相应的软件即可使用相应的服务，同时我们不必担心软件的更新和维护等问题。首先，企业不必花费巨额资金购买软件的使用权；其次，企业也不必花费资金构建机房和雇佣人员；再次，企业也不必考虑机器折旧和软件升级维护的问题。

6.4.3 云计算关键技术

云计算是一种新型的超级计算方式，以数据为中心，是一种数据密集型的超级计算。在数据存储、数据管理、编程模式等多方面具有自身独特的技术，同时涉及了众多其他技术。这里主要介绍云计算特有的技术，包括数据存储技术、数据管理技术、编程模式等[14]。

1）数据存储技术

为保证高可用、高可靠和经济性，云计算采用分布式存储的方式来存储数据，采用冗余存储的方式来保证存储数据的可靠性，即为同一份数据存储多个副本。另外，云计算系统需要同时满足大量用户的需求，并行地为大量用户提供服务。因此，云计算的数据存储技术必须具有高吞吐率和高传输率的特点。

云计算的数据存储技术主要有谷歌的非开源 GFS（Google file system）和 Hadoop 开发团队开发的 GFS 开源实现 HDFS（Hadoop distributed file system）[15,16]。大部分 IT 厂商，包括雅虎、英特尔的“云”计划采用的都是 HDFS 的数据存储技术。云计算的数据存储技术未来的发展将集中在超大规模的数据存储、数据加密和安全性保证以及继续提高 I/O 速率等方面。

2）数据管理技术

云计算系统对大数据集进行处理、分析并向用户提供高效的服务。因此，数据管理技术必须能够高效地管理大数据集。其次，如何在规模巨大的数据中找到特定的数据，也是云计算数据管理技术所必须解决的问题。

云计算的特点是对海量的数据存储、读取后进行大量的分析，数据的读操作频率远大于数据的更新频率，云中的数据管理是一种读优化的数据管理。因此，云系统的数据管理往往采用数据库领域中列存储的数据管理模式，将表按列划分后存储。

云计算的数据管理技术中最著名的是谷歌提出的 BigTable 数据管理技术[17]。由于采用列存储的方式管理数据，如何提高数据的更新速率以及进一步提高随机读速率是未来的数据管理技术必须解决的问题。

3）编程模式

云计算提供了分布式的计算模式，客观上要求必须有分布式的编程模式[18]。云计算采用了一种思想简洁的分布式并行编程模型 MapReduce。MapReduce 是一种编程模型和任务调度模型，主要用于数据集的并行运算和并行任务的调度处理。在该模式下，用户只需要自行编写 Map 函数和 Reduce 函数即可进行并行计算。其中，Map 函数中定义各节点上的分块数据的处理方法，而 Reduce 函数中定义中间结果的保存方法以及最终结果的归纳方法。

4）异构数据访问

网格集成了大量的异构资源，在访问方式上存在着较大的差异。用户的数据请求到达元数据之后，根据元数据中记录的信息，进行适当的协议转换，将转换后的数据访问请求发到不同的存储系统，利用适用于该系统的访问方式存取数据，从而实现对异构存储资源的统一访问。

6.4.4 云计算优势与不足

1. 云计算的优势

云计算的优势可以体现在其为IT、企业、组织带来的便利。

1）助力IT管理

对于很多企业来说，信息系统已经逐步成为企业运营支柱，非计划性的死机维护会带来巨大的直接和间接的资产损失。因此，从IT的角度上讲，希望内部网络和外部网络拥有出众的带宽，希望数据中心内部配备高端基础设备，更希望服务器、存储器等设备具有出色性能。高性能、高稳定、高可靠、高安全的平台可以为企业和组织的IT发展作出卓越的贡献，也可以将停机时间降至最短。但仅从硬件的角度似乎很难建立完全无懈可击的信息环境，以高端设备为基础，采用适宜的信息技术和建设管理平台无疑可以使IT的管理更上一个台阶。

对于存储和网络，云计算可以非常灵活地将其分解为最小的资源，并通过云计算的平台管理整个资源池。当某项服务的访问量突然增大，服务的负载接近饱和或者满载，云平台应该迅速予以反应，云平台将自主运行，调整资源的分配和利用率，对服务进行动态优化。同时，云还可以针对CPU、内存、磁盘、I/O等托管资源进行优化，一旦其超过了设置的系统阈值，优化行为自动开启，有选择地撤离并关闭系统主机，这种撤离不会影响这个集群环境，也不会对其他系统造成影响。云计算使得IT管理人员在数据中心的运营方面更加得心应手，并使得整个数据中心能耗得到最合理、最充分的调配，而且大幅减少了管理人员额外的重复性劳动。

2）助力企业发展

传统的IT管理模式很难在成本控制方面予以体现，随着云计算的应用，云计算的部署与应用逐步改变着IT成本结构。

传统的数据中心的单台服务器仅运行一个关键服务，并且是按照“最大业务规模”来设计。假如数据中心一台服务器运行OA系统，该系统中有1000个用户，那么“最大业务规模”设计就是要考虑这1000个用户同时登录和使用OA系统带来的最大负载量，而事实上，满载的情况几乎很少出现，15%～20%的负载通常占据了服务器多数时间。如今的服务器性能已经很高，单台服务器完全可以部署多套系统，我们完全可以把主数据中心的物理服务器降至10台，各子公司和分公司的服务器降至2台（图6-5），对于子公司的数据中心每台物理服务器采用云计算技术，使负载更加均衡，资源利用率更加有效。每一个系统不会长时间保持在峰值，不会造成系统缓慢。

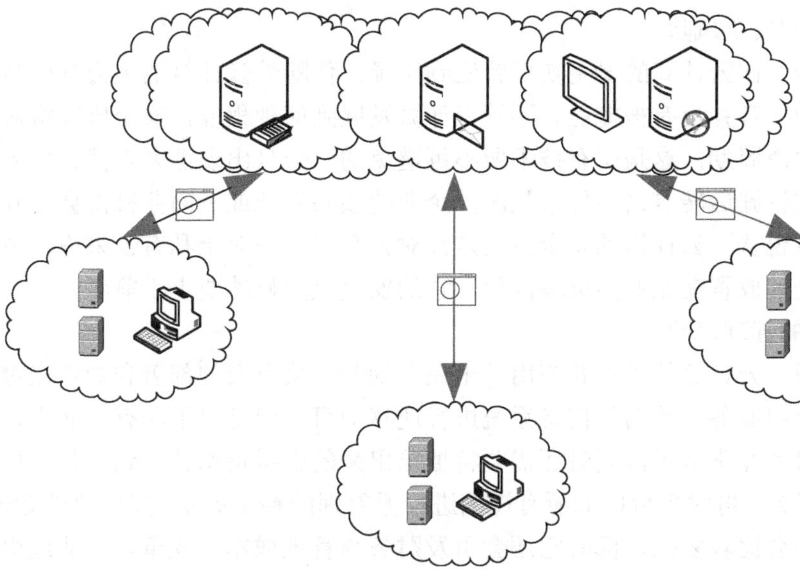

图 6-5　数据中心与两台服务器

3）助力用户服务

早前的管理模式是以“设备”为中心，但是随着手机、平板电脑等移动设备的崛起，多点移动办公的需求越来越强，IT 消费化的意识也越来越突出，以“设备”为中心的管理显得尤为吃力，以“用户”为中心的需求逐渐提升。

在云端，通过云平台的构建对于用户更好地应用信息系统提供了强有力的支持。当用户需要访问某应用服务，云平台会根据用户的身份信息进行验证，评估用户的网络带宽、设备类型、检测方法、依存关系、应用程序更迭，并通过一系列的规则定位用户可以部署的应用程序，而这一切都是通过 Web 平台由系统自动化完成，用户的参与仅仅是简单地输入用户名和密码，继而使用其权限范围内的应用即可。

对于经常出差或者拥有不同办公环境的人士，云平台还会为用户提供最优的网络环境，而对于习惯用手机、平板电脑办公的人士来说，云平台对 Windows Phone、WebOS、iOS、Android 等设备提供了非常好的个性化应用程序体验，并提供自助式工具集成环境，奉行用户自主参与模式，这能够显著地提升用户的满意度，提升移动办公的效率。

2. 云计算的不足

云计算对企业、IT 管理以及用户带来的利好众多，但从另一面来说，云计算的应用也势必会存在一定的风险。

1）数据的安全风险

关于安全，在云计算的诞生初期就受到质疑，伴随着云计算的大力推广与广泛应用，这种声音并没有被掩盖。不管云计算发展到何种程度，安全质疑将永远伴随着它的生命周期，这是所有技术所不可避免的。一旦出现黑客入侵、供应商盗窃或者基础设施运转等诸多异常状况，企业的核心系统或者商业机密会受到损失。但是不可否认，云计算的安全主要是针对公有云，而对于私有云来说，由于服务和数据全部放置在企业防火墙内部，它的安全风险显然要小于前者。

2）复杂的管理风险

目前来说，云计算的管理和应用并未完全铺开。公有云的部署和管理相对简单，只需要租用服务，然后将信息系统进行迁移即可。但是对于私有云而言，需要建设的项目就非常多了，同时还需要将抽象出来的虚拟资源整合到一起，形成一个统一的平台，再对平台内的所有视图进行无差别的补丁更新、集中化的管理。云平台的管理会比较复杂，同时它还会引发财务与管理成本的变革，企业或组织的商业模式也会有别于传统的战略调整，所有的应用更加倾向于网络、系统，这也就对 IT 人才提出了新的要求，即对云的理解和深度运维要求极高。

3）应用的融合风险

市场上存在众多云计算的供应商，他们在平台搭建和使用方面存在着各种差异，有的使用 VMware 平台，有的使用微软平台，或者其他架构。尽管众多平台在同构平台和异构平台有兼容性，但是在众多云系统之间的整合却出现难以融合的困扰。另外，云计算的供应商在融合标准方面的差异，也会对应用的融合产生一定的风险。

6.4.5　云计算技术应用

随着车载信息系统装置广泛应用于人们日常生活中，车载信息系统将与云计算技术结合也是发展的必然趋势，云端庞大数据库可以将汽车的功能延伸至生活、娱乐甚至商务领域。车主通过“云计算”在车载屏幕上进行互联网实时搜索、地图、邮件、影音娱乐等服务[19]。一旦连入基于云计算技术的解决方案，如谷歌地图和 On-Board 解决方案将难以继续立足。只有导航的三个要素：道路、本地兴趣点（point of interest, POI）以及访问基于地址的服务（location based service, LBS）内容全部都接入云，才能保证提供最新信息。当司机可以访问本地搜索时，甚至最好的 On-Board 兴趣点系统也难以与其匹敌，交通与本地化事故数据也是如此。福特联手谷歌利用云计算让汽车自动优化行程；丰田与微软合作，旨在通过云计算让汽车变得更加智能。云计算和车载信息系统将有很好的融合，特别在一些关键应用上，如语音识别和路况分析等。

但车载信息系统的本地计算能力是有限的，需要一个很强的后台来支撑，云计算这个模式为基于车载的语音识别提供了非常好的支持。车载信息系统越来越变得不再是孤立的设备，汽车、车载终端、手机、电脑等之间的融合，包括福特的 SYNC、上汽荣威 inkaNet 的“三屏一云”等都充分地体现了这一点[20]。2010 年，荣威汽车为广大消费者带来了车载娱乐信息系统的全新产品 inkaNet 3G 智能网络行车系统。与传统车载娱乐信息系统相比，inkaNet 不再局限于收音机、音乐、GPS 导航等内容，而是通过车载终端、客服中心和云计算平台三个部分，构建起一个“三位一体”的架构，并通过这三个部分的紧密联系和相互协作，为消费者提供了一个集信息、娱乐以及服务等诸多内容于一体的完整娱乐信息体系。

6.5　交通领域中的其他先进技术

6.5.1　信息化发展背景下城市交通网络构建和可视化的新机遇

地理信息系统（geographic information system, GIS）是 20 世纪 60 年代开始迅速发展起来的地理学研究技术，是多种学科交叉的产物。近年来，地理信息系统在全球得到空前迅速的发展，成为实现现代化科学管理的高新技术。它被广泛地应用到城市规划、城市地下管网管理、城市交通、社会服务等方面。

GIS 具有处理海量数据的存储、进行复杂的逻辑运算和数据挖掘的功能，同时也是实现空间图形显示与空间信息查询、分析的有效工具。利用 GIS 的数据输入、存储、检索、显示和综合分析应用等功能，将轨道交通基础数据的空间信息与其相关的属性信息结合，能够通过直观的表达方式进行线路规划、工程设计、指挥调度、安全保障、设备管理和故障跟踪等。

信息化发展为城市交通学的发展提供了重要的数据和技术支撑，尤其体现在：地理信息系统使得城市土地利用被数据化定量描述，直观可见；智能交通的发展提供了丰富的交通运行数据；移动互联网的发展实现了对城市人口活动、客货运输等实地场景的动态化描述。

城市交通网络的可视化是通过城市交通电子地图得以表达的。城市交通网络由点交通对象（红绿灯、指示牌、车辆等）、线交通对象（路、最短路径、动态分段等）、面交通对象（大比例尺地图中的停车场、立交桥、车道等）、体交通对象（三维的交通设施）构成。因此城市交通电子地图也应当包括点、线、面、体这四类对象。

传统的静态的城市交通电子地图使用大小、形状、位置、颜色、明暗度、文本等来表示各种不同的可视化变量和图标。而发展到动态地图以后，则增加了动画。进一步发展后，动画又变成了序列动画。以车辆为例，动态的车辆用有大小、有颜色、有形状、有速度而且按一定顺序排好的动态图标来表示。动态则意味着变化。交通对象不再是静止不动的，而是随时间变化的。而对象的变化包括三部分：专题属性变化、图形属性变化和位置属性变化[11, 12]。

研究城市交通问题要继承，更应创新。信息化发展背景下，既要研究信息化发展与城市交通系统的相互作用，也要研究如何适应信息化发展来组织城市交通网络的构建和高效运行，最终达到促进城市交通学发展的目的。

6.5.2　互联网和移动互联网的发展

2017 年，中国互联网络信息中心（CNNIC）已完成第 39 次《中国互联网络发展状况统计报告》，报告中详细分析了中国网民规模情况，截至 2016 年 12 月，我国手机网民规模达 6.95 亿人，较 2015 年底增加了 550 万人。网民中使用手机上网人群的占比由 2015 年的 90.1%提升至 95.1%，提升 5 个百分点，网民手机上网比例在高基数基础上进一步攀升。预计 2017 年我国手机规模达 7.39 亿人。基于互联网平台开发的交通运输服务已快速渗透至客运、货运、铁路、停车、维修、公共交通、出租汽车、航空等各个交通行业。根据当前主要的智能手机应用软件平台统计数据，与交通相关的热门手机应用已超过 60 款，见图 6-6。移动互联网已经是交通信息的重要来源。

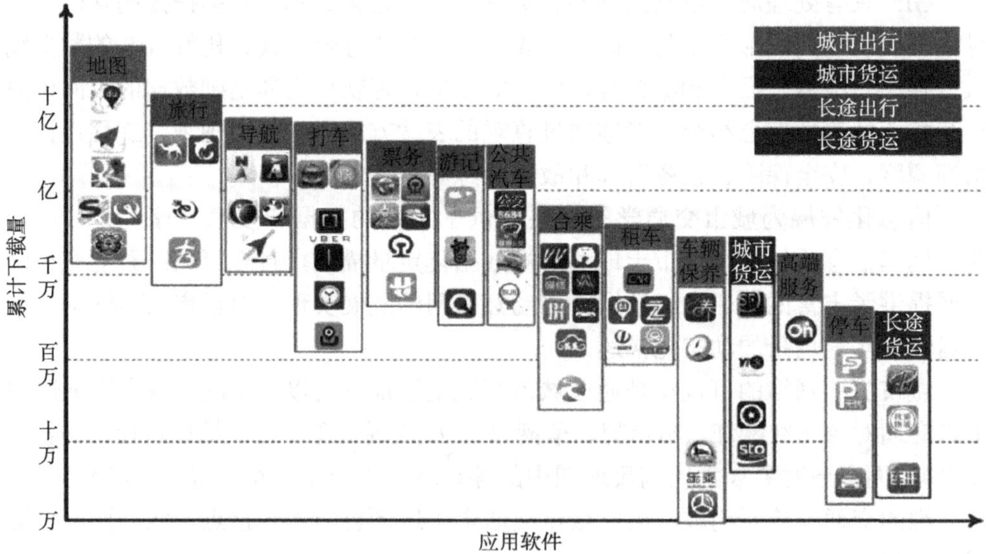

图 6-6　2015 年中国移动端手机应用下载量统计

交通以移动为基本属性，互联网（尤其是移动互联网）的快速发展突破了传统的交通信息采集瓶颈，必然带动交通信息化飞速发展。出行者对交通信息的获取方式更为便捷，其行为也因此发生了改变，两者互为因果持续推动着城市交通的演变。

此外，互联网在交通及其衍生领域的快速普及，为组织城市交通网络高效运行提供了丰富数据资源：一方面，各类交通工具出行数据和手机定位数据辅助跟踪城市的交通运行状况；更重要的是传统意义上并不属于交通领域的数据（如网络查询数据、商业支付数据等），在大数据时代下也支撑着居民出行调查，将为解决交通问题带来前所未有的机遇。通过人群分布历史与预测数据实时监测，但相信未来随着时间推移数据量的不断积累，这一功能将成为城市道路规划的重要应用参考，可以为相关管理部门节省传统调研所需的大量人力物力，并且准确度更高。

互联网与交通行业的深度融合，将推动交通行业技术进步、效率提升和组织变革，提升交通行业的创新力和生产力，是交通行业提质增效、转型升级、惠民服务的重要支撑。运用互联网技术持续改善城市交通状况具体体现在以下方面。

（1）互联网在打破供给和需求之间障碍的同时，将进一步提高城市基础设施的利用效率。例如，导航软件的利用在帮助小汽车躲避拥堵路段的同时也提高了其他可选道路的利用率，有助于交通基础设施资源的再分配；停车诱导系统有助于优化城市停车空间布局和提高停车场使用效率；分时租赁服务有助于提高车辆的使用效率等。

（2）“互联网+”将带来生活方式转变与出行方式创新。一方面，网上购物、互联网生活服务、远程办公、网络教育、社交平台正在改变城市居民的生活方式。另一方面，“互联网+交通”的技术发展，如打车软件、订制公交等使出行方式更加丰富，使出行资源更有效率地实现供需对接，而与用户位置信息结合的交通信息查询、电子站牌和导航服务，将促进个体出行决策的合理与优化。

6.5.3　交通领域内深度学习与人工智能的发展

美国斯坦福大学发布了一份名为《2030 年的人工智能与生活》报告，该报告认为，到 2030 年人工智能将以多种我们意想不到的方式融入人类生活。从就业到教育，从交通到娱乐，人工智能几乎会对我们的日常生活产生巨大影响。在众多领域中交通可能会成为首批几个特定应用领域之一。在该领域，嵌入了人工智能系统的实体交通工作的首次体验将在很大程度上影响公众对人工智能的感知。一旦人工智能系统在执行危险任务中的可靠性和安全性变得让人们信任，很快就会走进人们的日常生活中。

机器深度学习是近年来在人工智能领域的重大突破之一，它在语音识别、自然语言处理、计算机视觉等领域都取得了不少成功。所谓深度学习，又名深度神经网络，相对于以前的神经网络来说是一种更多层和节点的神经网络机器学习算法，可以看出其实深度学习是一种机器学习，是一种更智能的机器学习。深度学习主要类型一般包括 5 种，像 CNN、RNN、LSTM、RBM 和 Autoencoder，其中我们主要使用的是 CNN。CNN 另外一个名字叫卷积神经网络，卷积神经网络已经被证明在图像处理中有很好的效果。由于车辆行驶环境复杂，当前感知技术在检测与识别精度方面无法满足自动驾驶发展需要，深度学习被证明在复杂环境感知方面有巨大优势。从而利用人工智能系统语音识别、图像识别、深度学习等技术优势，其可根据实时感知的环境信息、高精度地图等实现路径的规划。同时，预测周边车辆和行人的行为和意图，做出适合路况的行车决策，从而对汽车正常行驶进行智能决策和控制。

1. 无人与自动驾驶

自 20 世纪 30 年代以来，人类便开始梦想自动驾驶汽车。自 60 年代以来，打造自动驾驶汽车就成为 AI 研究人员的挑战。目前，自动驾驶技术无论是在学术界还是在行业内都取得了不错的研究进展。由于传感技术以及用于感知任务的深度学习均得到长足发展，在普通汽车的基础上增加了先进的传感器（雷达、摄像）、控制器、执行器等装置，通过车载传感系统和信息终端实现与人、车、路等的智能信息交换，使汽车具备智能的环境感知能力，能够自动分析汽车行驶的安全及危险状态，并使汽车按照人的意愿到达目的地，最终实现替代人来操作的目的。例如，当前的一些汽车已经能够自动泊车，在高速公路上自动巡航，在“走走停停”的交通条件下自动行驶，变道出现盲区时提醒司机。视觉和雷达技术也被用来开发预碰撞系统，当存在碰撞风险时会自动刹车。如谷歌自动驾驶汽车路测，特斯拉的半自动驾驶汽车商用。在不久的将来，用于执行驾驶功能的感知算法表现将超越人类预知。除此之外，高级别推理功能（如规划）算法也将得到大幅度提升，将来自动驾驶汽车比人类驾驶还要安全、方便。

2. 智能红绿灯

现代化的交通信号灯通常都是按照预先设定的计划切换的，也只有在特殊事件或紧急情况下才会进行人为干预。所谓的智能红绿灯是已经可以使用摄像头和道路传感器适时调整时间安排，以便更快、更安全地应对车流和行人。通过收集数据，并在没有人工干预的情况下独立制定决策，这种信号灯充分利用了人工智能来适应交通状况的随机性。通过这种方式来减轻交通拥堵不仅可以缓解通勤压力，还能减少因为车辆怠速产生的空气污染。卡内基梅隆大学已经在匹兹堡测试了智能红绿灯，还准备在加利福尼亚州洛杉矶和华盛顿州贝尔维尤进行测试。到 2030 年，城市路口将会有可能看到智能红绿灯实际应用。

6.6　交通工程中专业人才的能力培养

6.6.1　对象洞察力

城市交通之所以被称为复杂适应系统特征，是由于其涉及综合交通网络、服务体系、城市建成环境、信息和参与者心理等多个维度间复杂的关联，在这种多维空间中的一体化交通战略，不得不面对以前运用抽象思维得出的包含过多假设的片断性知识只能发挥有限作用的窘境。需要在数量关系格局的层次上，不再追求事物变化的因变量与自变量之间的因果性，转而关注整体性格局的变化。大数据分析技术为这种需求带来新的希望，基于大数据观察城市交通中新结构、新模式等方面的涌现，是一种连续考察若干并列概念的数量关系格局及其变化，以及找出这若干并列概念相互影响、共同变化的规律性的思维过程。面对这样一个存在大量不确定的任务，洞察力显得尤为重要。与认知不同，洞察要求决策者超越经验，超越常规的认识。

6.6.2　思维转换力

在城市交通大数据分析中，往往遇到需要了解某些难以直接检测的属性特征的问题，也就是说我们的观测愿望与检测能力之间出现了需要解决的矛盾。探讨解决这类矛盾问题的规律和方法的可拓学，能够给予有效的帮助和启示。与之类似，通过关联关系，有助于对难以直接观察的事件进行检测。例如道路交通状态与交通异常事件之间具有紧密关联，利用道路设置的传感器检测交通状态，将是否发生异常事件问题转换成为道路交通状态是否出现异常问题，能够进行交通事故等异常事件的识别。如目前应用较多的加州算法属于第一种处理方式，其主要依据是当异常事件发生时，异常事件地点上游的占有率明显上升，同时下游的占有率下降，分别将上下游占有率与判断阈值进行比较，从而实现事件检测。

6.6.3　协同系统性

由于交通工程领域研究涉及人、车、路、环境及能源等与交通有关的几个方面综合在道路交通这一统一体中进行研究，以寻求道路通行能力最大、交通事故最少、运行速度最快、运输费用最省、环境影响最小、能源消耗最低的交通系统规划、建设与管理方案，从而达到安全、迅速、经济、方便、舒适、节能及低公害的目的。

交通政策实施的本质是利益的调配，任何一项政策的实施，都不可能让所有人都得益，所以作为一名交通工程师需具备系统性素质，来看待和解决交通系统问题。拥挤收费政策是交通需求管理政策工具箱的一项重要具体政策，不同出行者的时间价值分布形态对政策实施的影响十分巨大，如情形二中，换一种时间价值分布形态，完全可能导致不收费车道的流量增加。忽视出行者的时间价值异质性及其精确的差异情况，会对交通需求管理政策的实施效果带来巨大的偏差。

6.6.4 社会责任感

技术对于人类社会的重要性使得工程师必须做好“分内的事”，培养社会责任感和加强职业道德，并积极履行服务社会职责。然而，就像人们常说的：科学技术是一把“双刃剑”，技术应用既有积极的正面作用，也有消极的负面作用，这就要求工程师责无旁贷地对后果承担责任，并以后果的善来补偿或抵消为此后果所使用的手段的不当或可能产生的副作用。在社会公众的层面上，工程师的活动对人类发展有着直接的影响。由于社会各方面的因素，这种影响又会给人类带来积极和消极两种趋势。几个世纪以来工程师的主要追求是不断提高劳动生产率，但是随着工业化进程的推进，不可再生资源的大量消耗、环境的严重污染、生态的破坏，给人类的生存和发展造成了严重的威胁。在这种历史背景下，工程师应担负起社会可持续发展实践者的光荣使命。

交通工程教育的最终目标是培养具有人文精神、创新意识、创新能力和国际视野的面向未来的工程师，本书以此为目标，以理论概念和实践项目为依托和载体，使学生能够综合运用所学专业知识和技术，完成基于交通领域问题的全过程分析问题、解决问题的能力培养，特别是工程能力、创新能力和合作实践意识的培养，从而提高学生的专业素质，培养造就高素质的卓越交通工程师。

思 考 题

1. 交通领域中如何简单有效地应用大数据等相关前沿技术？
2. 交通工程学科如何培养跨学科、跨领域人才？

参 考 文 献

[1] Frankel F, Reid R. Big data: distilling meaning from data[J]. Nature, 2008, 455(7209): 30.

[2] Los W, Wood J. Dealing with data: upgrading infrastructure[J]. Science, 2011, 331(6024): 1515-1516.

[3] 李德仁, 姚远, 邵振峰. 智慧城市中的大数据[J]. 武汉大学学报(信息科学版), 2014, 39(6): 631-640.

[4] European Research Projects on the Internet of Things(CERP-IoT)Strategic Research

Agenda(SRA). Internet of things—strategic research roadmap [EB/OL]. http://ec. europa. eu /information_society/policy/rfid /documents /in_cerp. pdf[2010-05-12].

[5] Commission of the European communities, Internet of Things in 2020, EPoSS, Brussels [EB/OL]. http://www.umic.pt/ images/stories/publicacoes2/ Internet-of-Things _in_ 2020_EC-EPoSS _Workshop _Report_2008_ v3. Pdf [2010-05-12].

[6] 温家宝. 2010 年政府工作报告[EB/OL]. http://www. gov. cn /2010lh /content_1555767. htm[2010-05-12].

[7] 何廷润, 李军芳. 车联网核心技术与商业模式的探讨[J]. 移动通信, 2013, (15): 10-14.

[8] 李炎. 车联网技术的研究[J]. 中国新通信, 2012,(17): 38.

[9] Zikopoupos P C, Eaton C, de Roos D, et al. Understanding and streaming data[R]. McGraw- Hill Companies, 2012.

[10] Chen M, Mao S W, Zhang Y, et al. Big Data Related Technologies, Challenges and Future Prospects Series[M]. Springer Briefs in Computer Science, 2014.

[11] 李清泉, 李德仁. 大数据 GIS[J]. 武汉大学学报(信息科学版), 2014, 39(6): 641-644, 666.

[12] 陆化普, 孙智源, 屈闻聪. 大数据及其在城市智能交通系统中的应用综述[J]. 交通运输系统工程与信息, 2015, 15(5): 45-52.

[13] 何承, 朱扬勇. 城市交通大数据[M]. 上海: 上海科学技术出版社, 2015.

[14] 任崇广. 面向海量数据处理领域的云计算及其关键技术研究[D]. 南京: 南京理工大学, 2013.

[15] ApacheHadoop. Hadoop [EB/OL]. http://hadoop.apache.org/[2009-03-06].

[16]Yahoo.Yahoo!Hadooptutorial[EB/OL].http://public.yahoo.com/gogate/hadoop-tutorial/start-tutorial.html [2009-02-27] .

[17] Chang F, Dean J, Ghemawat S, et al. Big table:a distributed storage system for structured data[J]. ACM Transactionson Computer Systems, 2008, 26(2):1-26.

[18] 石建军,李晓莉.交通信息云计算及其应用研究[J].交通运输系统工程与信息, 2011,11(1): 179-184.

[19] Ford. SYNC, http://www.ford.com/technology/sync/, [2012-8-1].

[20] Lu Y, Chen W Q, Wei X M, et al. On the Application Development of 3G Technology in Automobiles[C] // Proceedings of the FISITA 2012 World Automotive Congress, 2012, 6: 311-325.